本著作获西安财经大学学术著作出版资助

数字化背景下中小服务企业
商业模式创新与融资可得性研究

Research on Business Model Innovation
and Financing Availability of Small and Medium-sized
Service Enterprises under Digital Background

毛 倩 / 著

图书在版编目（CIP）数据

数字化背景下中小服务企业商业模式创新与融资可得性研究/毛倩著 . —北京：经济管理出版社，2023.12
ISBN 978-7-5096-9521-0

Ⅰ.①数… Ⅱ.①毛… Ⅲ.①服务业—企业管理—商业模式—研究—中国 Ⅳ.①F726.9

中国国家版本馆 CIP 数据核字（2024）第 009771 号

组稿编辑：范美琴
责任编辑：范美琴
责任印制：黄章平
责任校对：张晓燕

出版发行：经济管理出版社
（北京市海淀区北蜂窝 8 号中雅大厦 A 座 11 层　100038）
网　　址：www.E-mp.com.cn
电　　话：（010）51915602
印　　刷：唐山玺诚印务有限公司
经　　销：新华书店
开　　本：720mm×1000mm/16
印　　张：12.25
字　　数：220 千字
版　　次：2024 年 2 月第 1 版　2024 年 2 月第 1 次印刷
书　　号：ISBN 978-7-5096-9521-0
定　　价：88.00 元

·版权所有　翻印必究·
凡购本社图书，如有印装错误，由本社发行部负责调换。
联系地址：北京市海淀区北蜂窝 8 号中雅大厦 11 层
电话：（010）68022974　邮编：100038

前　言

我国中小服务企业发展迅速，但也面临一些问题：一方面，许多服务企业的供给质量同质化严重，无法满足国内快速增长和升级的需求；另一方面，由于信息不对称，缺乏抵押物，融资难的现象较为凸显。因此，中小服务企业迫切需要进行商业模式创新以解决所面临的问题。然而，实际情况却是大量企业进行了商业模式创新但是依然无法获得融资，且数字技术和数据的巨大增长为企业进行商业模式创新带来挑战。那么在数字化背景下中小服务企业该如何进行商业模式创新才能更好地获得融资？目前关于商业模式的文献已逐渐将注意力从公司边界内的传统价值创造和价值捕获机制转移到跨越公司边界的其他互补机制，学者们提出数字情境下商业模式创新需要注重企业与多个利益相关者共同创造价值。所以，数字背景下中小服务企业商业模式创新的目标是促进利益相关者价值共创。那么，该如何创新才能实现利益相关者价值共创？价值共创能否提升企业能力进而帮助企业获得融资？已有研究较少涉及商业模式如何创新以促进利益相关者价值共创，对商业模式创新与融资绩效关系的研究也未曾深入探讨其中的过程机制。

本书将根据商业模式、价值共创研究以及个体行为解释相关理论、企业能力理论、信号理论，通过爬虫分析、梳理相关文献，结合企业实例构建商业模式创新、价值共创、企业能力、融资可得性等变量之间的关系模型，深入研究数字化背景下基于利益相关者角度的商业模式创新对企业融资影响的过程机制。在此基础上，以中小服务企业为样本，采用层次回归、Bootstrap 抽样检验和 fsQCA 方法进行实证检验。本书的研究内容包括：①根据利益相关者角度的商业模式概念，结合数字化和服务企业背景，确定与价值共创紧密联系的商业模式创新的相关变量；②分析利益相关者角度的商业模式创新对融资可得性影响的过程机制及边界条件；③对基于不同利益相关者构建的模型进行实证检验分析。

本书最终构建了基于顾客、产业利益相关者及员工的商业模式创新与融资可得性关系的三条逻辑路径。"顾客型商业模式创新"注重对消费者的聚合，利于企业提升股权融资可得性，路径逻辑是通过"适度的零距离连接"满足顾客自我需要，激发"顾客价值共创"，使企业更好地获取、整合与市场紧密相关的资源，从而更快占领市场、迅速成长，促使企业提升"市场能力"。较强的市场能力作为企业具有未来发展潜力的信号，会使企业更容易得到股权市场投资者的青睐，进而提升企业股权融资可得性。"产业型商业模式创新"注重产业资源的共享，利于企业提升债权融资可得性，路径逻辑是通过"较强的知识共生"实现价值共享，诱导"产业价值共创"，使企业信息流、物流合一，增强企业资源配置效率及对环境变化的响应能力，进而提升"运营能力"。较强的运营能力作为企业财务状况具有稳定性的信号，会增强债权市场投资者收回借款的信心，利于企业获得债权融资。"员工型商业模式创新"强调对员工个体发展的重视，利于企业提升内源融资可得性，路径逻辑是通过"较高程度的授权赋能"增强员工对组织的归属感和认同感，刺激"员工价值共创"，使企业获得更多更可行的服务创新想法，进而提升企业整体的"创新能力"。较强的创新能力能提高企业创新成功的概率，为企业带来经营绩效，助力企业获得内源融资。本书还分析并检验了相关制度对商业模式创新与利益相关者价值共创关系的影响，分析结果发现，偏重经济契约类、过于注重结果的制度均不利于商业模式创新对利益相关者价值共创的促进作用。

本书的创新之处在于：①深入研究了基于利益相关者角度的商业模式创新与融资可得性之间的关系，为解决中小企业融资难问题打开了一个更为广阔的、符合数字化背景的微观视角。现有关于中小企业融资可得性的研究未从利益相关者角度的商业模式创新切入。本书从利益相关者角度的商业模式出发，构建了"交易方式与制度的双重作用—利益相关者价值共创—企业能力—融资可得性"的理论模型，是对现有中小企业创新与融资关系研究的深化，丰富了中小企业融资的研究视角。②构建了商业模式创新促进价值共创的路径，为数字化背景下服务企业如何通过交易方式创新实现与利益相关者价值共创提供了新的思路。现有研究并未深入讨论促进利益相关者价值共创的商业模式形式。本书为不同的利益相关者构建了不同的交易方式,并对构建的交易方式对价值共创的影响进行了深入分析。本书的研究拓展了商业模式创新与价值共创的融合研究,研究结果为实现利益相关者价值共创提供了新的思路。③探寻到与不同利益相关者价值共创获得的不同资源通过何种动态企业能力转换为融资绩效,为处理资源与能力的战略决策提供了更明确的管理方向。现有研究并未讨论价值共创获取的资源与企业能力结合的问题。本书根据服务主导逻辑对资源进行分类,依据现有价值共创研究,提出并实证检验了与不同利益相关者价值共创获取的资源应该与何种企业能力整合以提升企业融资绩效的问题。本书的研究揭示了"资源—能力"组合的匹配关系,为企业更好地处理二者的配置问题提供了方向。④丰富了基于利益相关者角度的商业模式的实证研究。基于利益相关者角度的商业模式研究多以案例分析为主,本书以中小服务企业为样本,进行了大规模的实证检验,是对现有利益相关者角度商业模式研究的完善。

目　录

1 绪论 …………………………………………………………………………… 1

　1.1　研究背景 ………………………………………………………………… 1

　　　1.1.1　现实背景 ………………………………………………………… 1

　　　1.1.2　理论背景 ………………………………………………………… 5

　1.2　研究内容 ………………………………………………………………… 7

　1.3　研究意义 ………………………………………………………………… 8

　　　1.3.1　理论意义 ………………………………………………………… 8

　　　1.3.2　实践意义 ………………………………………………………… 9

　1.4　研究思路及研究方法 …………………………………………………… 10

　　　1.4.1　研究思路 ………………………………………………………… 10

　　　1.4.2　研究方法 ………………………………………………………… 12

　1.5　创新之处 ………………………………………………………………… 14

2 文献综述 ……………………………………………………………………… 16

　2.1　商业模式相关文献综述 ………………………………………………… 16

　　　2.1.1　商业模式的内涵 ………………………………………………… 16

　　　2.1.2　商业模式研究的重点方向 ……………………………………… 17

　　　2.1.3　商业模式创新 …………………………………………………… 19

　　　2.1.4　数字背景下的商业模式 ………………………………………… 21

　2.2　价值共创相关文献综述 ………………………………………………… 23

　　　2.2.1　服务主导逻辑 …………………………………………………… 23

　　2.2.2　消费者体验主导逻辑 ·· 25
　　2.2.3　价值共创的概念和维度 ·· 26
　　2.2.4　价值共创的影响因素 ·· 27
　　2.2.5　价值共创的结果 ·· 28
2.3　融资可得性相关文献综述 ·· 29
　　2.3.1　融资可得性概念及融资相关理论 ·· 29
　　2.3.2　影响融资可得性的外部因素 ·· 31
　　2.3.3　影响融资可得性的内部因素 ·· 33
2.4　文献述评 ·· 36

3　商业模式创新对融资可得性影响的理论模型构建 ······································ 38
3.1　爬虫分析 ·· 38
　　3.1.1　数据采集与处理 ·· 39
　　3.1.2　词语筛选 ·· 40
　　3.1.3　词语分析 ·· 41
3.2　相关理论 ·· 42
　　3.2.1　个体行为解释相关理论 ·· 42
　　3.2.2　企业能力理论 ·· 44
　　3.2.3　信号理论 ·· 44
3.3　理论模型 ·· 45
　　3.3.1　商业模式创新相关变量与价值共创 ·· 45
　　3.3.2　制度可能产生的调节效应 ·· 48
　　3.3.3　价值共创与企业能力 ·· 49
　　3.3.4　价值共创、企业能力在商业模式创新与融资可得性
　　　　　 之间可能产生的中介作用 ·· 51
　　3.3.5　商业模式创新影响融资可得性的整体理论模型 ································ 52

4　零距离连接与股权融资可得性研究 ·· 54
4.1　相关概念 ·· 54
　　4.1.1　零距离连接 ·· 54

4.1.2 顾客价值共创 ·· 55
4.1.3 市场能力 ·· 55
4.1.4 参与奖励 ·· 55
4.1.5 股权融资 ·· 56
4.2 研究假设 ··· 56
4.2.1 零距离连接、顾客价值共创与股权融资 ····························· 56
4.2.2 零距离连接、市场能力与股权融资 ···································· 58
4.2.3 零距离连接、顾客价值共创、市场能力与股权融资 ············ 59
4.2.4 参与奖励对零距离连接与顾客价值共创关系的调节 ············ 60
4.2.5 参与奖励对零距离连接、顾客价值共创与股权融资
          关系的中介调节 ·· 61
4.3 研究设计 ··· 62
4.3.1 变量测量 ·· 62
4.3.2 检验模型 ·· 64
4.3.3 预调研 ··· 64
4.3.4 研究样本与数据采集 ·· 64
4.3.5 共同方法偏差和信度、效度检验 ·· 65
4.4 实证结果与分析 ·· 67
4.4.1 描述性统计与相关分析 ·· 67
4.4.2 假设检验 ·· 68
4.5 稳健性检验 ·· 72
4.5.1 替换变量测量方法 ··· 72
4.5.2 运用模糊集（fsQCA）方法再次检验 ································· 75
4.6 本章小结 ··· 77

5 知识共生与债权融资可得性研究 ·· 79
5.1 相关概念 ··· 79
5.1.1 知识共生 ·· 79
5.1.2 产业价值共创 ·· 80
5.1.3 运营能力 ·· 80

— 3 —

5.1.4 合作契约 ·· 80
   5.1.5 债权融资 ·· 81
5.2 研究假设 ··· 81
   5.2.1 知识共生、产业价值共创与债权融资 ·············· 81
   5.2.2 知识共生、运营能力与债权融资 ····················· 83
   5.2.3 知识共生、产业价值共创、运营能力与债权融资 ····· 84
   5.2.4 合作契约对知识共生与产业价值共创关系的调节 ···· 84
   5.2.5 合作契约对知识共生、产业价值共创与债权融资
        关系的中介调节 ·· 85
5.3 研究设计 ··· 86
   5.3.1 变量测量 ·· 86
   5.3.2 检验模型 ·· 88
   5.3.3 预调研 ··· 88
   5.3.4 研究样本与数据采集 ··································· 88
   5.3.5 共同方法偏差和信度、效度检验 ····················· 89
5.4 实证结果与分析 ··· 91
   5.4.1 描述性统计与相关分析 ································ 91
   5.4.2 假设检验 ·· 92
5.5 稳健性检验 ·· 97
   5.5.1 更换变量测量方法 ······································ 97
   5.5.2 运用模糊集方法再次检验 ···························· 100
5.6 本章小结 ·· 102

6 授权赋能与内源融资可得性研究 ···························· 105
6.1 相关概念 ·· 105
   6.1.1 授权赋能 ··· 105
   6.1.2 员工价值共创 ··· 105
   6.1.3 创新能力 ··· 106
   6.1.4 内部控制 ··· 106
   6.1.5 内源融资 ··· 107

6.2 研究假设 …… 107
6.2.1 授权赋能、员工价值共创与创新能力 …… 107
6.2.2 授权赋能、创新能力与内源融资 …… 108
6.2.3 授权赋能、员工价值共创、创新能力与内源融资 …… 110
6.2.4 内部控制对授权赋能与员工价值共创关系的调节作用 …… 110
6.2.5 内部控制对授权赋能、员工价值共创与创新能力关系的中介调节 …… 111

6.3 研究设计 …… 112
6.3.1 变量测量 …… 112
6.3.2 检验模型 …… 115
6.3.3 预调研 …… 115
6.3.4 研究样本与数据采集 …… 115
6.3.5 共同方法偏差和信度、效度检验 …… 116

6.4 实证结果与分析 …… 119
6.4.1 描述性统计与相关分析 …… 119
6.4.2 假设检验 …… 120

6.5 稳健性检验 …… 126
6.5.1 更换变量测量方法 …… 126
6.5.2 运用模糊集方法再次检验 …… 131

6.6 本章小结 …… 133

7 结论与展望 …… 135
7.1 研究结论 …… 135
7.2 管理启示 …… 138
7.3 研究不足 …… 141
7.4 研究展望 …… 142

参考文献 …… 143

附录一 预调研问卷 …… 167

附录二 正式调研问卷 …… 175

1 绪论

本章首先通过回顾服务企业发展现状及相关理论背景提出本书的研究问题；然后阐述本书研究的理论意义与实践意义，表明研究思路和研究方法；最后对创新之处进行总结。

1.1 研究背景

1.1.1 现实背景

（1）我国跨入以服务经济为主体的新时代。在以习近平同志为核心的党中央治国理政战略的指引下，我国服务业发展迅速，规模不断扩大，吸纳就业的能力不断增强，新产业新业态新商业模式不断涌现，服务业对改善民生、拉动国民经济增长等方面做出了重要贡献。根据国家统计局发布的国民经济核算数据，如图 1-1 所示，2015 年我国服务业增加值占 GDP 的比重为 50.77%，首次超过 1/2，根据国际定义，我国已进入服务经济时期。之后该比重逐年提升，"十三五"以来，服务业一直以高于 GDP 增速的速度增长，2020 年服务业增加值占 GDP 的比重已接近 55%，服务业的主导地位日趋巩固。与此同时，服务业成为吸纳就业的主要渠道。服务业就业人数占全社会总就业人数的比重持续攀升，如图 1-2 所示，2014 年服务业就业人数比重超过 40%，到 2019 年已增长至 47.4%，5 年间服务业就业人数比重年均增长幅度超过服务业增加值占比提升的幅度。服务业也是财税增长的重要来源,根据国家统计局数据,2017 年服务业税收收入占全部税收收入的比重为 56.1%,已连续 5 年对税收收入贡献过半。服务业行业结构也日趋协调,传统的批发零售、交通运输、仓储邮政、住宿餐饮等行业的比重不断下降,信息传输、软件服务、商务服务等新兴服务行业蓬勃发展①。国家发展改革委印发的《服务业创新发展大纲(2017—2025 年)》明确指出,到 2025 年要实现服务业增加值"十年倍增",使服务业增加值占国内生产总值的比重提高到 60%,就业人口占全社会就业人口的比重提高到 55%。由于大部分服务业的进入门槛相对较低,具有投入少、周期短、见效快的特点,因此中小企业向服务业转移已是必然。根据国家统计局数据,2019 年全国工商新登记企业 739 万户,其中服务业企业高达 594.7 万户,占比 80% 以上,新增服务业企业数量比 2018 年增长 10.8%②。

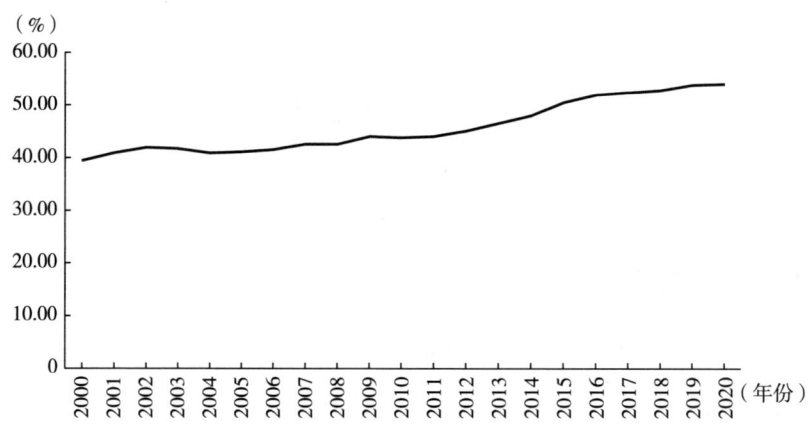

图 1-1　中国服务业增加值占 GDP 比重统计数值

资料来源:《中华人民共和国国民经济和社会发展统计公报》。

---

① 国家统计局. 服务业风雨砥砺七十载　新时代踏浪潮头领航行 [EB/OL]. 2019-07-22. https://baijiahao.baidu.com/s?id=1639720311569604341&wfr=spider&for=pc.

② 国家统计局相关负责人解读 2019 年主要经济数据:稳增长政策显效高质量成色十足 [N/OL]. 经济日报,2020-01-19. https://m.gmw.cn/baijia/2020-01/19/33493221.html.

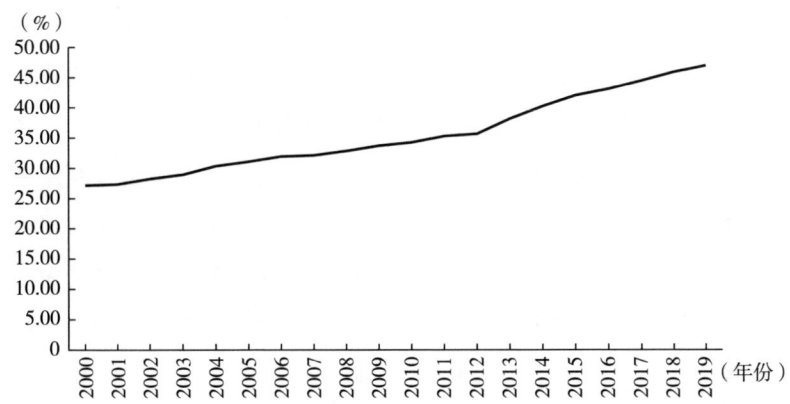

图1-2 服务业就业人数占比统计数据

资料来源：《中国统计年鉴2020》。

（2）中小服务企业发展面临诸多问题，迫切需要进行商业模式创新。我国中小服务企业虽然发展迅速，但整体发展水平不高，面临诸多问题。一方面，科学技术的不断升级推动着新兴经济发展及新消费群体理念的转变，消费结构发生变化，人们的消费需求逐渐向高品质、多元化、个性化转变，但是我国许多服务企业的供给质量却同质化严重，无法满足国内快速增长和升级的需求，创新能力和竞争力不强，导致需求外溢，效益偏低[①]。另一方面，由于服务类企业大多"轻资产、规模小"，难以满足传统金融以抵押、担保为前提的融资方式要求，融资难的现象较为凸显。2018年，江苏省常州市在加大对中小企业贷款的情况下，对中小企业进行问卷调查，结果发现依然有57.15%的企业反映资金有缺口，需要解决融资问题[②]。中小企业在财务报告和运营方面的信息披露不够透明，很多信息难以量化，使其信息不对称程度高于大公司，且中小服务企业缺乏足够的抵押品，无法有效显示信用质量。因此，借款人和贷款人之间存在信息不对称是造成中小企业融资难的主要原因（Roberts，2015）。

[①] 洪群联. 创新是服务业发展根本动力［EB/OL］. 2022-05-10. http://www.xinhuanet.com/politics/20220510/a29fc5c525624f7aa5d548a42153eced/c.html.

[②] 常州市人民政府. 常州市科技型中小企业融资情况调查问卷［EB/OL］. 2018-12-01. http://www.changzhou.gov.cn/vote/survey.php？a=vresult&bid=543.

数字化背景下中小服务企业商业模式创新与融资可得性研究

在此种情景下，中小服务企业迫切需要进行商业模式创新。成功的商业模式创新可以促使企业更好地适应当前经营环境的转变，提升供给质量，形成竞争优势；竞争优势可以促使企业立足自身能动性，自主解决所面临的融资难问题，使得企业在融资方面更加具有主动性，从而确保企业在"发展—资金"之间形成良性循环。Aziz 和 Mahmood（2011）认为商业模式对中小企业的业绩结果具有重要意义，是中小企业成功的重要预测因素。Cucculelli 和 Bettinelli（2015）提出中小企业应考虑将商业模式创新作为与更高价值及其相关绩效提升的无形属性投资的补充要素。2019 年，我国进行商业模式创新的服务企业占比达到 23.6%，但与欧盟国家相比，创新密度仍然偏低[1]。服务企业借助成功的商业模式创新获得持续增长的案例有很多。例如，嘉兴云切供应链管理公司通过打造钢板切割智能共享平台实现商业模式创新，将传统的企业自己切割钢板转变为共享切割，帮助客户节省切割成本，促使企业绩效持续高速增长。嘉兴云切的案例被工信部高度认可[2]。途虎养车则是借助互联网打造途虎商业模式，实现车主在汽车保养之前，即可通过手机 App 勾选所需的服务选项和预约服务时间，大大提升了用户的汽车养护体验，为企业发展创造新机遇。途虎养车的商业模式创新获得了新华社的点赞[3]。融资方面，现有研究显示，当投融资双方信息不对称时，商业模式创新形成的竞争优势利于企业向贷款方发送信号展示自身具备的能力，从而获得贷款方的信任，进而使贷款方增加对企业的投资。我国风投偏好于投资 2C 企业，因为 2C 企业的商业模式创新一般表现优异（魏炜等，2019）。客商 e 宝就凭借最佳商业模式创新获得 2020 中国最具投资价值创业平台奖[4]。曾繁旭和王宇琦（2019）以中国传媒项目为案例分析对象，提出具有颠覆性创新特征的商业模式容易获得融资。

然而，实际情况却是大量企业进行了商业模式创新但是依然无法获得融资。

---

[1] 洪群联．以创新推动服务业高质量发展［EB/OL］．2021-06-19. https：//m. thepaper. cn/baijiahao_13214663.

[2] 服务业创新哪家强？嘉兴服务业十佳创新企业名单出炉［N/OL］．浙江日报，2020-09-12. https：//baijiahao. baidu. com/s?id=16775789860007542224&wfr=spider&for=pc.

[3] 新华社点赞途虎：一家数字化公司商业模式的创新探索［J/OL］．金融界，2020-06-12. https：//baijiahao. baidu. com/s?id=1670466845877698776&wfr=spider&for=pc.

[4] 客商 e 宝 APP 入选 2020 中国最具投资发展价值创富创业平台奖［EB/OL］．得贝，2020-10-27. http：//www. cnr. cn/rdzx/cxxhl/zxxx/20200730/t20200730_525187386. shtml.

以生鲜电商为例，此类企业的商业模式创新大多局限于补贴拉新，缺乏可持续的竞争力，使得企业商业模式创新不被投资市场看好，导致融资困难，在2019年就有众多的生鲜电商企业因为资金链难以为继而倒闭①。根据兴业研究的整理数据，依靠"概念""追风口"等的商业模式创新或转型从2018年开始就遭遇"资本寒冬"，投资市场更看重的是商业模式创新能否为企业带来竞争力与收益保障②。另外，数字技术和数据的巨大增长为企业进行商业模式创新带来挑战，服务企业需要在满足数字时代的要求下进行商业模式创新以适应现代商业环境（Chan和Chung，2002）。那么，在数字化背景下中小服务企业该如何进行商业模式创新才能更好地获得融资？这样的商业模式创新对融资可得性影响的过程机制又是什么？

1.1.2 理论背景

（1）数字背景下商业模式创新与价值共创融合。当前基于要素的商业模式概念开始出现趋同，认为其是企业价值创造、价值传递和价值捕获机制的设计或架构（Teece，2010）。这种结构是建立在传统的资源观之上，它描绘了从输入到产品的顺序转换，反映了以制造商为中心的逻辑。近年来，数字经济的兴起为谷歌、Facebook、Uber、苹果等公司的蓬勃发展提供了动力，这些公司都是在与在位公司的竞争下，通过与客户建立有效而复杂的关系发展起来的（Baden-Fuller和Haefliger，2013；Khanagha等，2014）。因此，学者们开始关注企业如何吸引消费者和其他参与者，关于商业模式的文献也逐渐将注意力从公司边界内的传统价值创造和价值捕获机制转移到跨越公司边界的其他互补机制。学者们开始主张采用"网络"观点，认为价值不是由自主行动的公司，而是由公司与实体外部的各方共同创造的。*Journal of Business Research* 在2020年针对数字化时代的商业模式发表了一篇特刊。特刊中提到，现有研究忽略了需求方面的价值创造和管理客户需求的异质性。为此，他们提出数字情境下商业模式需要企业与多个利益相关者共同创造价值。王子阳等（2019）的案例研究显示，引导利益相关者价值共

---

① 卓泳.2019倒闭创企"画像"：商业模式模糊资金链断裂［N/OL］.证券时报，2019-12-20. https://baijiahao.baidu.com/s?id=1653378741492168173&wfr=spider&for=pc.

② 兴业研究：没有风口，企业未来还能靠什么？［EB/OL］.凤凰网财经，2019-01-07. https://baijiahao.baidu.com/s?id=1621514658033145895&wfr=spider&for=pc.

创的商业模式创新可以帮助企业应对全新的竞争态势。因此，数字背景下，中小服务企业商业模式创新可聚焦于与利益相关者实现价值共创。从基于利益相关者角度的商业模式出发，企业与各利益相关者可以通过交易关系的设计实现价值共创。白宏（2012）提出，商业模式思考的核心就是如何调节企业与利益相关者之间的交易关系以实现价值共创。Clinton等（2018）的研究显示，企业与利益相关者之间的交易关系并不总是对组织的绩效结果产生积极影响，企业需要创新与利益相关者之间的交易关系。然而现有研究却侧重于商业模式创新的类型与共创价值之间的关系探索（姜尚荣等，2020），较少涉及如何通过交易关系的创新促进利益相关者价值共创。因此，在数字化背景下，中小服务企业如何通过交易关系创新实现与利益相关者价值共创，就是迫切需要研究的问题。

（2）资源能力关系的二元性与企业绩效。根据资源基础观，企业获取的有价值、稀有、不可模仿、不可替代属性的资源，会成为组织可持续竞争优势的来源（Wernerfelt，1984）。但该理论却难以解释现实中拥有相似属性资源的企业，其绩效表现差异很大的现象。为此，学者们对资源属性与企业绩效的关系进行了更加深入的研究，发现企业绩效来源于多个因素的贡献，取得资源基础只是其中一项充分条件（曹红军等，2011）。以Helfat和Peteraf（2003）为代表的学者提出能力观，认为以资源利用为核心的企业能力是造成企业绩效差异的根源。特别是企业根据环境变化动态更新的企业能力，更是企业避免竞争核心刚性、获得竞争优势的关键（Teece，2007；宋华和卢强，2017）。大多数学者认为企业根据环境变化更新的企业能力能够更好提升资源性能。Wu（2007）的研究进一步显示动态的企业能力在资源与企业绩效之间具有中介作用。因此，面对日益活跃的竞争环境，企业需要进一步探索资源与动态企业能力之间的关系，实现资源和动态企业能力的精确配置。资源与企业能力的协同是提升企业绩效的重要途径。企业与不同的利益相关者价值共创会获取到不同的组织外异质性资源，那么，这些不同的资源会如何影响企业应对环境变化展现出来的能力？而不同的能力又会怎样影响企业融资绩效？这些都是亟须探索的理论问题，然而现有研究鲜有探讨。

根据上述分析，本书将构建商业模式创新、价值共创、企业能力、融资可得性等变量之间的关系模型，以中小服务企业为对象，深入研究数字化背景下，基于利益相关者角度的商业模式创新对企业融资可得性的影响作用及过程机制。本书深化了商业模式与价值共创的融合研究，丰富了中小企业的融资理论研究，对中小服务企业更好发展具有重要意义。

1.2 研究内容

本书立足于我国中小服务企业的现状，依据商业模式创新与企业融资的已有研究，结合数字背景下商业模式需要企业与多个利益相关者共同创造价值的提议，基于利益相关者角度的商业模式、价值共创研究以及个体行为解释相关理论、企业能力理论、信号理论，研究中小服务企业商业模式创新对融资可得性的影响机制及边界条件。具体的研究内容如下：

（1）根据利益相关者角度的商业模式概念，结合数字化和服务企业背景，确定与价值共创紧密联系的商业模式创新的相关变量。Sahut等（2020）认为商业模式定义了公司如何连接其利益相关者，包括代理商、客户、供应商、机构等。魏炜等（2012）把商业模式定义为企业与其利益相关者之间的交易结构，包括交易主体、交易方式及交易定价。对从利益相关者角度研究的商业模式文献进行总结，发现此种商业模式创新研究需要首先确定交易主体，即要确定哪些利益相关者参与企业交易。对此，本书将结合数字化和服务企业背景进行选择。在此基础上，再确定交易要素。由于中小服务企业的人力、资金有限，企业可考虑仅对某交易要素进行创新，考虑到企业与利益相关者的交易方式（即企业与利益相关者如何交易）是企业创造以机会为中心价值的关键（George和Bock，2011），因此本书将主要围绕交易要素之一的交易方式探讨商业模式的创新。对于交易方式，由于商业模式的核心是价值创造，那么融入利益相关者的价值创造就是价值共创，因此本书将依据个体行为解释的相关理论，按照创新的交易方式是否促进利益相关者与企业价值共创来确定。

（2）基于利益相关者角度的商业模式创新对融资可得性影响的过程机制及边界条件分析。交易方式创新会实现价值共创，然而与不同的利益相关者进行价值共创获得的资源类别不同，那么以资源利用为核心的企业能力是否会表现不同？本书将根据企业能力理论和服务主导逻辑，探讨价值共创与企业能力之间的关系。同时，根据已有研究，商业模式创新之所以能提升企业融资可得性是因为向投资者发送了质量信号。那么，与不同利益相关者价值共创，由此显示的企业能力会不会作为质量信号影响企业融资？会影响企业哪种融资来源？也就是说，价值共创、企业能力会如何影响基于利益相关者角度的商业模式创新与融资可得性之间的关系？另外，有研究认为，企业需要制定相应的制度才能更好地促进成员间的资源交换（韩炜等，2014），实现价值共创，制度在价值共创中具有重要作用（Vargo和Lusch，2016）。那么，制度与交易方式的交互会如何影响利益相关者价值共创？针对这些问题，本书将依据信号理论，构建交易方式、价值共创、企业能力、制度以及融资可得性的总体理论模型进行探讨。

（3）对于不同利益相关者构建的模型进行实证检验分析。依据第二部分的研究，本书为不同的交易主体匹配了相应的交易方式、价值共创、企业能力及制度，那么这些变量之间的具体关系如何？能否与构建的总体理论模型一起带来融资可得性的提升？针对这些问题，本书将对确定的交易主体分别提出变量之间的关系假设、构建具体的研究子模型，在此基础上以中小服务企业为研究样本，通过问卷调研，采用层次回归、Bootstrap抽样检验和fsQCA方法进行实证检验分析。

1.3 研究意义

1.3.1 理论意义

（1）丰富了中小企业融资理论的研究。现有关于中小企业融资可得性的研究主要聚焦于制度环境、银企关系、供应链金融、企业创新等视角（Boot和Milbourn，2002；Alves和Ferreira，2011；Audretsch等，2012；Song等，2020；Álvarez-Botas和González，2021）。即使个别研究探讨了商业模式创新与企业融资的关系，也是从商业模式创新整体或是基于要素视角的商业模式创新考虑（Cassar，2004；曾繁旭和王宇琦，2019），未从利益相关者角度的商业模式创新切入。本书的研究打开了一个更为广阔的符合数字化背景的微观视角，是对现有中小企业融资理论的拓展与丰富。

（2）丰富了商业模式创新与企业融资关系的过程研究。现有研究仅是从静态角度讨论商业模式创新对企业融资的影响（李正昕和吴婵君，2018），并未探讨其中的过程机制。本书从利益相关者角度的商业模式创新切入，明确了如何通过满足利益相关者需求，促使多方价值共创以实现企业能力提升，进而拓宽融资可得性的路径。本书的研究打开了商业模式创新与企业融资关系的黑箱，通过交易方式、价值共创、企业能力变量的——匹配，清晰展示了二者的影响路径，对于商业模式与融资关系的研究具有重要的理论意义。

（3）完善了现有商业模式与价值共创理论的融合研究。近年来价值共创的研究重点已向商业模式创新转变，侧重于商业模式创新的类型与共创价值之间的关系探索（姜尚荣等，2020），却对商业模式创新如何促进价值共创鲜有研究。本书从交易结构角度的商业模式概念入手，研究了何种交易方式更能促进利益相关者价值共创，并探讨了制度作为边界条件对交易方式与价值共创关系的影响，同时以中小服务企业为样本进行了实证检验。本书的研究是对商业模式与价值共创融合研究的深化与拓展，更好地完善了现有商业模式与价值共创理论的融合研究。

（4）细化了企业能力理论的研究。企业能力理论认为，以资源利用为核心的企业能力是造成企业绩效差异的根源（Helfat 和 Peteraf，2003）。企业能力的价值释放需要在获取资源之后（曹红军等，2011），资源与企业能力需要协同。然而目前关于资源与企业能力如何协同以提升企业绩效的研究较少。本书从利益相关者价值共创获取的资源视角出发，探寻不同资源通过何种企业能力能转换为融资绩效，对于企业能力理论在解释"资源—能力—绩效"关系方面具有更加明确的实践指导意义，是对企业能力理论研究的细化。

1.3.2 实践意义

（1）为中小服务企业如何促进利益相关者价值共创继而实现商业模式创新提供参考。本书的研究显示，中小服务企业可考虑将利益相关者引入商业模式创新框架，通过与利益相关者构建满足其需求的交易方式，促进利益相关者价值共创，实现企业基于资源整合的价值共创的商业模式创新。具体到顾客，企业可以采用适度的零距离连接的交易方式，促使顾客可以随时与企业对话，但又不会因为过度连接而产生负担。对于产业利益相关者来说，可考虑构建较深层次的知识共生关系，形成命运共同体，共享利益。对于员工来说，管理层则可通过给予其较高程度的授权赋能，让员工获得成长与发展的机会。

（2）对中小服务企业采用的制度给予建议。企业作为一个理性组织，为了实现既有目标、降低风险，会采用各类制度对利益相关者进行管理。但是正式的制度却可能由于更加关注规范性条文的作用，导致出现不信任预期，而对企业与利益相关者之间的关系产生不利影响。本书的研究显示，偏重经济契约类、过于注重结果的制度，如参与奖励、合作契约及结果控制，均不利于商业模式创新对利益相关者价值共创的促进作用。因此，为了鼓励利益相关者价值共创，企业可考虑制定与交易方式影响机制相协同的制度。

（3）为中小服务企业提升融资可得性提供选择路径。本书梳理了基于顾客、产业利益相关者及员工的商业模式创新与融资可得性关系的三条逻辑路径。中小服务企业可以根据自身实际情况选择构建顾客型商业模式、产业型商业模式或员工型商业模式。通过商业模式激发价值共创，不但能够提升企业竞争能力，还能通过竞争能力的提升提高融资可得性，实现企业良性发展。

1.4 研究思路及研究方法

1.4.1 研究思路

根据1.2节提出的研究内容，本书的研究包括以下七章：

第1章，绪论。回顾服务业发展现状，发现服务企业面临供给升级和融资难的双重问题。为此，基于利益相关者角度的商业模式、价值共创研究以及个体行为解释相关理论、企业能力理论、信号理论，提出本书的研究问题：企业与利益相关者应该如何交易以促进价值共创？价值共创能否解决市场供给升级问题，通过提升企业能力进而帮助企业获得融资？在此基础上，阐述本书研究的理论意义与实践意义，表明研究思路和研究方法，最后对创新之处进行总结。

第2章，文献综述。本书研究的主要变量是商业模式创新、价值共创与融资可得性，因此对这些变量及其所涉及的理论研究进行了详细的分析。针对商业模式创新，回顾了商业模式、商业模式创新、数字商业模式的内涵及现有研究的关注重点，总结了数字情境下商业模式研究发生的转变。针对价值共创，该章对服务主导逻辑和消费者体验主导逻辑分别进行了概念介绍，然后对价值共创包含的维度、影响因素及结果进行了系统梳理。针对融资可得性，该章在介绍概念的基础上，对相关理论进行整理，接着从内、外两方面对影响融资可得性的因素进行归纳。该章的综述为本书厘清现有研究的空白及提出研究模型奠定了基础。

第3章，商业模式创新对融资可得性影响的理论模型构建。为了使理论模型的构建更加具有现实意义，该章首先利用爬虫分析找到当前服务类企业对于商业模式的关注重点，然后结合相关理论及爬虫分析的结果构建理论模型。在理论模型构建时，主要基于利益相关者角度的商业模式概念，结合数字化和服务企业背景及爬虫分析的结果，根据自我决定理论、计划行为理论及资源保存理论，确定了与价值共创紧密联系的商业模式创新的相关变量，包括交易主体和交易方式。交易主体涵盖顾客、产业利益相关者和员工，与之对应的交易方式分别是零距离连接、知识共生及授权赋能。在此基础上，根据企业能力理论和服务主导逻辑探讨了价值共创对企业能力（市场能力、运营能力及创新能力）的影响，结合信号理论提出价值共创、企业能力在商业模式创新与融资可得性（股权融资、债权融资及内源融资）之间可能产生的中介作用，以及制度（参与奖励、合作契约及内部控制）可能具有的调节效应。最后总结出本书研究的总体模型。

第4章，零距离连接与股权融资可得性研究。在明确零距离连接、顾客价值共创、市场能力、参与奖励、股权融资概念的基础上，提出基于顾客角度的零距离连接对股权融资可得性影响的假设：零距离连接对顾客价值共创有倒U形影响；零距离连接对顾客价值共创的正向影响，使得顾客价值共创在零距离连接与股权融资之间起中介作用；零距离连接对企业市场能力具有正向影响；市场能力在零距离连接与股权融资之间起中介作用；零距离连接对顾客价值共创的正向影响，使得顾客价值共创和市场能力在零距离连接与股权融资之间起链式中介作用；参与奖励在零距离连接与顾客价值共创之间起负向调节作用；参与奖励负向调节顾客价值共创在零距离连接与股权融资之间的中介作用。然后运用层次回归、Bootstrap抽样检验和fsQCA方法进行假设检验及稳健性检验。最后对研究结果进行总结与讨论。

第5章，知识共生与债权融资可得性研究。在明确知识共生、产业价值共创、运营能力、合作契约、债权融资概念的基础上，提出基于产业利益相关者角度的知识共生对债权融资可得性影响的假设：知识共生与产业价值共创之间呈 U 形关系；产业价值共创在知识共生与债权融资之间起中介作用；运营能力在知识共生与债权融资之间起中介作用；产业价值共创和运营能力在知识共生与债权融资之间起链式中介作用；合作契约在知识共生与产业价值共创之间起负向调节作用，合作契约负向调节产业价值共创在知识共生与债权融资之间的中介作用。然后运用层次回归、Bootstrap 抽样检验和 fsQCA 方法进行假设检验及稳健性检验。最后对研究结果进行总结与讨论。

第6章，授权赋能与内源融资可得性研究。在明确授权赋能、员工价值共创、创新能力、内部控制、内源融资概念的基础上，提出基于员工角度的授权赋能对内源融资可得性影响的假设：授权赋能与员工价值共创之间呈 U 形关系；员工价值共创在授权赋能与创新能力之间起中介作用；创新能力在授权赋能与内源融资之间起中介作用；员工价值共创和创新能力在授权赋能与内源融资之间起链式中介作用；行为控制正向调节授权赋能对员工价值共创的影响关系；结果控制负向调节授权赋能对员工价值共创的影响关系；内部控制制度会调节员工价值共创在授权赋能与创新能力关系中的中介作用。然后运用层次回归、Bootstrap 抽样检验和 fsQCA 方法进行假设检验及稳健性检验。最后对研究结果进行总结与讨论。

第7章，结论与展望。在理论分析及实证检验的基础上，对本书的研究结论进行归纳，提出顾客型商业模式创新、产业型商业模式创新及员工型商业模式创新，并对这三种商业模式创新如何影响融资可得性的逻辑路径进行了总结。最后对管理启示、研究不足及研究展望进行阐述。

1.4.2 研究方法

本书在研究模型构建方面，主要采用文献研究、归纳与演绎方法；在实证研究方面，主要运用问卷调查和假设检验方法。具体如下：

（1）文献研究。阅读大量关于商业模式、价值共创与融资可得性的研究文献，对已有研究的发展脉络及关注重点进行梳理，明确本书研究问题中关键变量的概念、维度等，总结变量之间存在的交叉关系，积累研究问题的理论知识。

（2）归纳与演绎。结合服务企业发展现状，对文献、理论、企业案例及爬虫分析结果进行概括，明确交易主体、利于交易主体价值共创的交易方式，归纳价值共创与企业能力之间的关系，推断制度具有的调节作用，最终形成本书研究的整体理论模型。然后根据整体模型，对不同的交易主体构建具体的研究子模型。

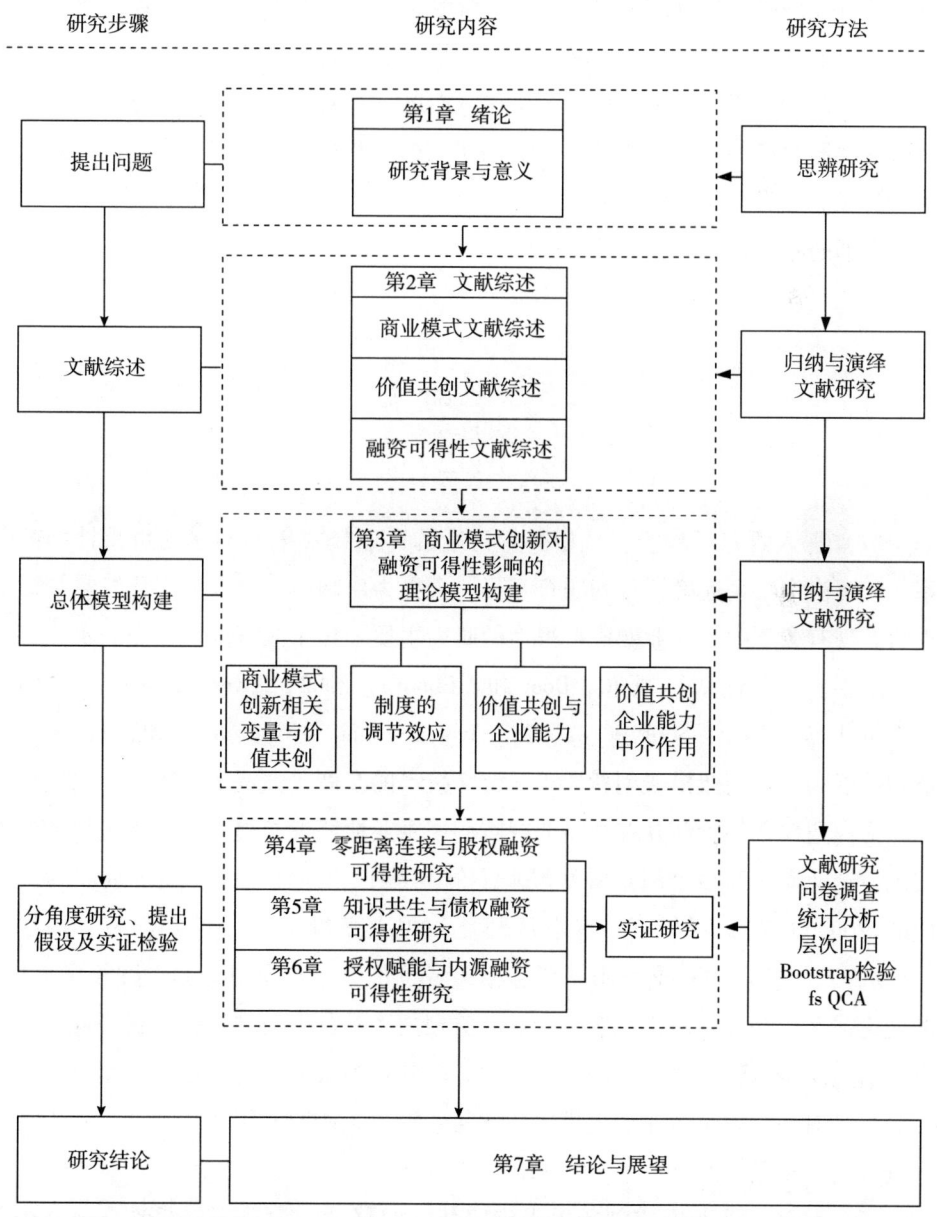

图 1-3　技术路线

(3) 问卷调查。分别用于顾客、产业利益相关者及员工的交易方式创新、价值共创、企业能力、制度及融资可得性之间的关系假设研究。在现有成熟量表的基础上对各变量进行测量，为了保证量表更加贴合本书的研究背景，在正式调研前进行预调研，预调研后对量表进行修改，再进行大规模正式问卷调查。问卷调研的对象是中小服务企业，通过线上与线下进行问卷推送。

(4) 假设检验。运用 SPSS25.0 和 AMOS17.0 对量表进行信度和效度检验。利用层次回归和 Bootstrap 抽样检验方法进行假设检验，通过替换变量的测量方法和 fsQCA 方法进行稳健性检验。

本书的具体技术路线如图 1-3 所示。

1.5 创新之处

(1) 深入研究了基于利益相关者角度的商业模式创新与融资可得性间的关系，为解决中小企业融资难问题打开了一个更为广阔的、符合数字化背景的微观视角。现有关于中小企业融资可得性的研究主要聚焦于制度环境、银企关系、供应链金融、企业创新等视角（Boot 和 Milbourn，2002；Alves 和 Ferreira，2011；Audretsch 等，2012；Song 等，2020；Álvarez-Botas 和 González，2021），未从利益相关者角度的商业模式创新切入。数字技术的发展，强调了跨越边界的组织形式，为商业模式的创新开辟了新的视野，使企业能够参与边界内和跨边界的经济交流，企业需要与多个利益相关者进行价值共创以实现企业绩效（Brynjolfsson 和 Hitt，2004）。在此背景下，本书从利益相关者角度的商业模式出发，构建了"交易方式与制度的双重作用—利益相关者价值共创—企业能力—融资可得性"的理论模型，并分别基于顾客、产业利益相关者及员工角度进行分析与验证。本书的研究从符合数字化背景的微观视角分析商业模式创新对企业融资影响的过程机制，是对现有中小企业商业模式创新与融资关系研究的深化，丰富了中小企业融资的研究视角。

(2) 构建了商业模式创新促进价值共创的路径，为数字化背景下服务企业如何通过交易方式创新实现与利益相关者价值共创提供了新的思路。价值共创的研究已从服务主导逻辑向商业模式创新转变（姜尚荣等，2020），然而现有研究却并未深入讨论促进利益相关者价值共创的商业模式形式。从基于利益相关者角度的商业模式出发，商业模式创新的目标就是促进利益相关者与企业进行资源整合，企业与各利益相关者可以通过交易结构的设计实现价值共创进而达到价值创造最优（Zott 等，2011；Zott 和 Amit，2013；魏炜等，2012）。本书为不同的利益相关者构建了不同的交易方式，并对构建的交易方式对价值共创的影响进行了深入分析。本书的研究拓展了商业模式与价值共创的融合研究，是对现有商业模式与价值共创理论的深化与完善，研究结果为实现利益相关者价值共创提供了新的思路。

（3）探寻到与不同利益相关者价值共创获得的不同资源通过何种动态企业能力转换为融资绩效，为处理资源与能力的战略决策提供了更明确的管理方向。学者们普遍认为资源与企业能力是相互依存的关系，资源是企业获取竞争优势的重要物质条件，以资源利用为核心的企业能力是造成企业绩效差异的根源（曹红军等，2011）。资源需要与企业能力协同才能更好地提升企业绩效。然而现有研究却并未讨论价值共创获取的资源与企业能力的结合问题。本书根据服务主导逻辑对资源的分类，依据现有价值共创研究，提出并实证检验了与不同利益相关者价值共创获取的资源应该与何种企业能力整合以提升企业融资绩效的问题。本书的研究揭示了"资源—能力"组合的匹配关系，为企业更好地处理二者的配置问题提供方向。

（4）丰富了基于利益相关者角度的商业模式的实证研究。基于利益相关者角度的商业模式研究多以案例分析为主（鲍舟波，2018；韩炜等，2021），缺乏大规模样本的实证研究。本书以中小服务企业为样本，运用层次回归和 Bootstrap 抽样检验方法实证检验了商业模式创新对价值共创的影响、商业模式创新与制度对价值共创的交互效应、商业模式创新对融资可得性的作用等，是对现有利益相关者角度商业模式研究的完善。

2 文献综述

本章对商业模式、价值共创及融资可得性相关文献进行整理分析。第一部分回顾了商业模式、商业模式创新、数字背景下商业模式的内涵及重点研究方向与主题。第二部分根据服务主导逻辑和消费者体验主导逻辑对价值共创进行介绍，系统梳理了价值共创包含的维度、影响因素及结果。第三部分对融资可得性研究进行整理，主要从内、外两方面影响因素进行归纳。第四部分是对整个文献的总结与述评。本章的综述为后续研究奠定基础。

2.1 商业模式相关文献综述

2.1.1 商业模式的内涵

从 20 世纪 90 年代末开始，商业模式便逐渐成为人们关注的焦点。一些学者推测商业模式概念之所以被广泛应用，可能是由于互联网的推动（Amit 和 Zott，2001）、新兴市场的快速增长（Thompson 和 MacMillan，2010）以及依赖后工业技术组织的需要（Perkmann 和 Spicer，2010）。

关于商业模式的定义，最早人们将其与信息技术背景下的系统建模的操作活动相关联，到 20 世纪 90 年代中期，企业家和战略学者开始将商业模式作为企业关键业务流程及其联系的整体描述。Chesbrough 和 Rosenbloom（2002）认为，商业模式是一套启发式逻辑，依靠这套逻辑可以将技术转化为经济价值。Zott 和

Amit（2010）提出，商业模式是一个相互依存的活动系统，它描述了企业交易的内容、结构与治理。Teece（2010）认为商业模式表明了企业的价值主张、收入与成本结构。尽管不同研究的定义不同，但是基本认同商业模式是由若干要素构成的整体。如 Hamel（2000）提出四要素的商业模式，即核心战略、战略资源、顾客界面和价值网络；Zott 和 Amit（2011）提出，商业模式主要由客户、合作伙伴、供应商和产品市场构成。由于大多数学者均认同价值是商业模式的核心，因此，基于要素的商业模式概念开始出现趋同，认为其是企业价值创造、价值传递和价值捕获机制的设计或架构（Teece，2010）。

价值创造是商业模式的核心，企业不仅要为自身创造利润，还要为顾客、供应商、合作伙伴、员工等利益相关者创造价值。所以，也有学者从利益相关者角度对商业模式进行研究。Sahut 等（2020）认为，商业模式定义了公司如何连接到其利益相关者，包括代理商、客户、供应商、机构等，它可以会集以前没有联系的行为者，或以新的方式连接现有行为者。魏炜等（2012）把商业模式定义为企业与其利益相关者之间的交易结构，包括交易主体、交易方式及交易定价。白宏（2012）在对已有研究进行梳理的基础上，结合利益相关者理论，提出商业模式研究的就是利益相关者之间的利益关系、交易结构、交易规律和交易方式。鲍舟波（2018）将商业模式的概念进行了广义与狭义之分，狭义的概念同样强调商业模式是企业与各利益相关者进行业务结构设计及盈利结构设计的系统，他认为，与广义的概念即"商业模式是价值创造、价值传递及价值捕获的逻辑"进行对比，狭义的概念在实务中更具有可操作性。

2.1.2 商业模式研究的重点方向

（1）商业模式与企业绩效。商业模式被认为是影响企业绩效的重要因素，是企业绩效异质性的前因。当商业模式的价值创造潜力和公司获取这种价值的能力优于竞争对手所采用的商业模式时，公司可以通过其商业模式进行竞争。Amit 和 Zott（2001）确定了商业模式可以解锁的价值驱动因素：新奇、效率、锁定效应和互补性。新奇是指为客户提供新的价值，例如通过提供大幅改进的产品或服务，以满足迄今尚未开发的客户需求。苹果推出 iPhone，并反复推出具有新功能的新版本，是主要依赖新奇的商业模式的一个例子。相比之下，效率和生产成本的降低与速度的提高有关。此类商业模式的典型例子可以在零售商、低成本航空公司、物流公司或商品供应商中找到。当客户受到激励与公司进行重复交易时，例如由于高昂的转换成本，商业模式可能显示锁定效应。基于锁定的商业模式的一个重要示例是需要特定（专有）平台提供服务。最后，互补性是指价值链之间纵向或水平捆绑。这种商业模式的一个例子是亚马逊从一个简单的在线书店转变为一家提供各种有形和虚拟商品出售和租赁以及高级服务的公司。Casadesus-Masanell 和 Ricart（2010）进一步提出，当商业模式的要素协同工作创造出难以逆转或模仿的良性反馈循环时，商业模式是持续绩效的来源。

（2）商业模式与创新。商业模式被视为创新的潜在单元。该部分研究有两个互补的观点：第一，公司会通过商业模式将创新理念和技术商业化。商业模式的一个重要作用可能是发掘新技术中的价值潜力，并将其转化为市场成果。Chesbrough 和 Rosenbloom（2002）详细介绍了一个广泛的案例研究，其中他们展示了施乐公司是如何通过采用有效的商业模式将一项被其他领先公司拒绝的技术商业化来实现部分增长的。该研究还比较了成功和不成功的技术分析与可比的市场潜力，发现在成功的企业中，对有效商业模式的探索和学习明显高于失败的企业。第二，商业模式代表了一个新的创新主体，它补充了传统的过程、产品和组织创新主体，并涉及新的合作和协作形式。Chesbrough（2003）提出了开放式创新的概念，认为开放式创新是一种创新模式，在这种模式下，企业不依赖于内部想法推进业务，而是超越他们的界限，利用内部和外部的想法来源。开放式创新需要采用新的、开放的商业模式来共享或许可技术（Chesbrough，2010）。商业模式本身可以成为知识产权的一部分（Rappa，2001；Rivette 和 Kline，2000）。开放的商业模式除了作为创新主体外，还可能促使下游活动和能力重新配置，从而在互补市场上进行额外的商业模式创新（Gambardella 和 McGahan，2010）。因此，商业模式既可以是创新的载体，也可以是创新的主体。

（3）商业模式设计。Osterwalder 和 Pigneur（2002）提出了商业模式本体论，为商业模式画布的发展奠定了基础。商业模式画布是一个视觉图表，其中包含描述公司或产品价值主张、客户、基础设施（包括其合作伙伴）和财务方面等九个元素。它已被广泛采用在实践中设计商业模式（Osterwalder 和 Pigneur，2010）。然而，它遵循以组织为中心，是单一从公司角度呈现的模型（Turber 等，2015）。它侧重于焦点公司控制的过程，较少关注客户在价值共创中的积极作用。在商业模型设计中采用以组织为中心的方法是商品主导逻辑及其关于创造价值的基本假设的体现（Luftenegger 等，2017）。然而以商品为主导的逻辑开始不断向以服务为主导的逻辑转变，以服务为主导的逻辑强调价值网络视角，支持由各方网络（其中也包括客户）进行价值共同创造，因此在商业模式设计方面出现了一些明确关注服务并反映其网络观点的商业模式设计方法。比如，Zolnowski 等（2014）介绍了服务商业模式画布，该画布提供了一组多个服务商业模式，每个服务商业模式都分配给特定的网络方，包括客户。Turber 等（2014，2015）针对物联网情境提出商业模式设计应关注三个维度：商业网络（包括作为价值共创的客户）、成本—效益结构（针对每一方），以及与数字化对象的建筑层有关的价值共创的来源。

2.1.3　商业模式创新

Mitchell 和 Coles 在 2003 年首次明确讨论了管理者可以有目的地创新商业模式。从那时起，越来越多的研究集中在商业模式创新的维度上，并从不同的角度检查商业模式创新。因此，商业模式创新是商业模式的延伸。商业模式创新代表了一种全新的组织创新形式。企业为何要进行商业模式创新，早期对 CEO 人员的调查表明，商业模式创新胜过新产品和服务是持续价值创造的关键来源，反映了企业未来的竞争优势（Foss 和 Saebi，2017）。Amit 和 Zott（2012）也认为企业要想保持竞争力和维持未来的增长，必须不断发展和调整其商业模式。还有一些学者认为是新技术出现带来的刺激，一些企业为了在新技术下抓住市场机会、快速崛起会进行商业模式创新（Sabatier 等，2012；Wirtz 等，2010）。

关于商业模式创新的定义，一部分学者认为商业模式创新是一个组织过程，通常会采用动态的方法，研究促进或阻碍商业模式创新过程的因素，包括外部和内部因素两种。外部因素方面：第一个主题是技术。Johnson 等（2008）认为，技术可以在商业模式创新中发挥重要作用，当新技术出现时，可以通过设计适当的商业模式来利用。第二个主题是客户偏好。Johnson 等（2008）认为，当客户偏好的改变要求公司更改其服务或提供服务的方式时，会驱动商业模式创新。但是，Rüb 等（2017）却认为客户偏好可能成为商业模式创新的障碍。因为现有客户熟悉当前的商业模式，仅仅关注他们的感知会阻碍公司在现有客户需求之外创新商业模式。第三个主题是市场。由于市场上其他参与者提供的产品发生变化，传统的商业模式可能会失败，促使中小企业推动商业模式创新（Pucihar 等，

2019）。然而，Saebi（2015）指出，市场也可能阻碍商业模式创新。在极其动荡的环境下，由于客户需求和技术进步等因素正以不可预见的方式不断变化，企业很难发现和预测最新的市场趋势，这增加了企业采用新商业模式的风险，不太可能成功的概率使得企业不太可能接受商业模式创新。内部因素方面：第一个主题是公司内部的决策责任。Cavalcante 等（2011）强调了个人在商业模式创新中的重要性。他们发现，个人接受变革需求的能力以及他们实施这些变革的动机是商业模式创新的关键。第二个主题是心理。Rüb 等（2017）重点讨论了公司身份对员工的影响。这种公司身份在正常情况下可以使公司具有竞争优势，因为它允许员工将自己的个人身份与公司的身份保持一致，从而创造更高效的员工队伍。然而，这种强烈的认同感可能会成为商业模式创新的障碍，因为商业模式的变化将带来公司文化的变化，而这种变化可能会遭到在当前公司文化中舒适工作的员工的抵制。第三个主题是当前商业模式本身的复杂性。商业模式具有大量相互交互的不同元素。因此，预测一个元素的变化如何影响其余部分是具有挑战性的。这种不确定性可能使决策者对实施重大变革产生怀疑（Rivkin，2000），并且创新的商业模式在开始时通常会降低利润率（Chesbrough，2010），这进一步减慢了商业模式创新的速度。

此外，还有一部分将商业模式创新视为一个结果，主要关注识别新的商业模式和"创新"类型的企业。一些学者认为，商业模式中要素的变化可以构成创新。但对于是几个要素发生变化，该派学者也有不同的意见。Giesen 等（2007）认为单个要素发生变化即可，因此将商业模式创新概念化为"产业价值链"（进入新产业）、"收入模型"（提供新颖的产品或定价模型）或"企业模型"（重新定义组织边界）中任一要素的创新。Frankenberger 等（2013）认为应是"一个或多个"构成要素发生变化。Lindgardt 等（2009）则强调"两个或更多"的组成要素必须改变。另一些学者表示商业模式创新不是单个要素的变化，而应该是商业模式的架构发生变化，强调商业模式组成要素联系的改变。例如，Santos 等（2009）认为，商业模式创新发生在公司从事"重新激活"（改变其向客户提供的一系列基本活动）、"重新划分"（改变公司边界）、"重新安置"（改变当前执行活动的单位的位置）或"重新链接"（改变执行活动的组织单位之间的联系）的时候。

2.1.4 数字背景下的商业模式

2.1.4.1 数字商业模式

数字化发展促使公司运用数字技术实现新的商业模式来为其利益相关者创造和获取价值，这种新的商业模式通常被称为数字商业模式。Verhoef等（2019）根据已有研究，对数字商业模式的定义是：它是指运用数字技术，从根本上影响公司构建和开展业务的方式，进而为客户、公司本身及其合作伙伴创造价值的情况。数字化正在推动企业按照两个关键维度改变其商业模式：第一个维度与对客户需求的理解有关，因为数字技术使得在消费日益受到自我表达驱动的世界中，能够揭示客户的内在动机，而不仅仅是收集人口数据和购买历史；第二个维度意味着从受控的价值链方向转向基于关系网的网络方向。

现有关于数字商业模式的研究聚焦于两个主题：第一个主题是数字化转型和数字创新。数字化转型导致新的数字商业模式的出现。数字化转型（即使用数字技术开发新的商业模式）有三个阶段：数字技术、数字化和数字化转型。第一阶段，企业主要采用数字技术改变一些流程，如印刷形式被数字形式取代。第二阶段，一些职能受到影响，如零售商决定除了门店再添加一个在线渠道。第三阶段，企业的目标是通过应用数字技术来改变价值创造和价值捕获，管理人员在公司的每一个职能部门都实施数字技术，并通过具体的数字增长战略和大力的数字能力建设实现增长。数字创新会影响商业模式的组成要素，各种技术影响一个或多个商业模式要素。根据Prem（2015）的说法，由于网络物理系统和物联网可以生成和收集数据，对这些数据进行分析为从产品向服务的转变提供了基础。此外，数据分析技术提供了更好的个性化产品和服务。因此，价值主张要素受到积极影响。Prem（2015）还指出，关键活动要素会受到具有高度自动化流程的机器人的影响，而数字接口则通过消除任何中介来影响渠道要素。他给出的例子是，产品的数字化通过传感器检测维修需求的潜在预期，带来了服务费、经纪收入和许可证，进而增加收入。Hu（2015）认为，物联网商业模式是一个基于传感和智能的效率和新颖性的多维结构。物联网提高了生产流程的效率，它通过改进库存管理、减少机器停机时间、更好的质量控制来降低生产成本，并通过机器对机器的通信和产品跟踪系统缩短时间（Laudien和Daxböck，2016）。

第二个主题是收集、分析和负责任地使用数字商业模式的数据。Langley等

(2020)利用多个理论镜头，展现了连接人、公司和智能对象的万物互联如何改变商业模式和为个人、公司和机构创造价值的愿景。Lobschat 等（2021）回顾了多个研究学科，讨论公司如何开发一套共同的价值观和规范，指导公司创建和使用数字技术和数据。他们考察了多个利益相关者（公司、个人、人工/技术利益相关者、机构/政府机构），调查公司如何在管理上履行其数字责任。Wieringa 等（2021）则关注公司如何利用数据分析将数据转化为有价值的见解，同时遵守日益严格的隐私法规。

2.1.4.2 数字背景下的商业模式与价值共创

传统的商业模式研究基于资源观（Barney，1991；Wernerfelt，1984），从根本上强调要提高公司本身的价值，才能最终优化价值创造和价值捕获。为此，学者和企业家都"更加专注于内部资源捆绑，而不是消费者捆绑，以此作为公司战略的基础"，这是所谓的"供应方"视角（Priem，2007；Priem 等，2018）。近年来，数字经济的兴起为谷歌、Facebook、Uber、苹果等公司的蓬勃发展提供了证据，这些公司都是在与在位公司的竞争下，通过与客户建立有效而复杂的关系发展起来的（Baden-Fuller 和 Haefliger，2013；Khanagha 等，2014）。数字技术的发展为创建非常规交换机制和交易提供了空间架构，强调了跨越边界的组织形式，这些为商业模式的创新提供了新的视角，使企业能够参与边界内和跨边界的经济交流。因此，学者们开始关注企业如何吸引消费者和其他参与者，关于商业模式的文献也逐渐将注意力从公司边界内的传统价值创造和价值捕获机制（即"供应方"视角）转移到跨越公司边界的其他互补机制。学者们开始研究与客户的互动，认为这是企业价值创造和相关货币化的关键，定义为"需求方"视角（Priem，2007；Ye 等，2012）。在此背景下，企业需要将重点从公司内部转移至与交易机制相关联的资源或行为者经营的跨边界的活动系统中，从根本上改变了企业与供应商以及客户互动的方式（Brynjolfsson 和 Hitt，2004），与多个利益相关者进行价值共创。

Journal of Business Research 在 2020 年针对数字背景下的商业模式发了一篇特刊。特刊中提到数字技术和数据的巨大增长为企业提供了开发新商业模式的大量机会，但由于其固有的技术不确定性、组织变革的普遍性、决策的相互关联性以及多个利益相关者的参与，带来了复杂的挑战。为了实现为公司及其利益相关者创造价值的整体解决方案，企业需要从多学科和多利益相关者的角度出发。他们

指出，许多现有研究均涉及数字商业模式及数字化转型，如营销、信息系统、运营、战略和创新管理等。然而营销文献虽然已经采取了以客户为中心的方法来理解和预测客户的在线购买（Kannan 等，2016）和返回行为（Minnema 等，2016），以设计更好的在线环境，但是它往往不考虑供应方（如管理产品流量的成本和复杂性）。同时，尽管供应链管理文献提供了数字环境中采购和安排产品流的效率和复杂性的概念和实证见解（Koh 等，2019），但此类研究却往往忽略了需求方面的价值创造和管理客户需求的异质性（Saberi 等，2019）。为此，他们提出了一个数字商业模式多学科多利益相关者研究的组织框架。该框架认为，以三个外生驱动因素为代表的数字变革引发了对数字转型的需求，这三个因素分别是数字技术、数字化的顾客行为和数字企业带来的竞争（Verhoef 等，2021）。为了应对这些数字变化，企业需要制定相应的战略。在制定战略时，企业通常会受到企业原则、行业惯例或有关其数字责任和数据分析的法律的影响。企业可以采用不同的数字商业模式应对数字变革：数字化转型、数据驱动决策、平台开放性和全渠道供需整合。每一项都意味着对公司的组织结构、所需资源、增长战略和所用指标具有不同的要求。最终，企业的战略反应和由此采用的数字商业模式产生了企业、消费者和社会层面三个结果。

2.2 价值共创相关文献综述

价值共创来源于两种逻辑：服务主导逻辑和消费者体验主导逻辑。服务主导逻辑强调整个价值共创系统的价值实现，消费者体验主导逻辑关注参与价值共创各方的价值实现（王琳和陈志军，2020）。

2.2.1 服务主导逻辑

Vargo 和 Lusch（2004）提出所有经济都是服务经济，市场需从以商品为主导的逻辑转向以服务为主导的逻辑，经济交换的根本应该是服务而不是商品。以商品为主导的逻辑强调对象性资源（Operand Resources）的拥有，对象性资源主要是有形的、静态的资源，如原材料等。以服务为主导的逻辑认为操作性资源

（Operant Resources）是主要的，操作性资源是无形的、动态的，可以恢复和补充，包括人力资源（客户和员工的技能和知识）、组织资源（文化、能力）、信息资源（关于市场、竞争对手和技术的知识）和关系资源（与竞争对手、供应商和客户的关系）（Bo 等，2011）。服务主导逻辑提出操作性资源是企业的核心能力，将营销视为一个持续改进操作资源的过程，企业可以通过努力获取、改进这些资源做出比竞争对手更好的价值主张。其中，知识作为企业重要的操作性资源，是形成竞争优势的根源。知识由命题知识（抽象的广义知识）和规则知识（主要指技术）组成。顾客拥有大量操作性资源，因此，以服务为主导的逻辑强调企业要以顾客为中心、以市场为导向，通过关系管理与客户合作，向客户学习，与消费者共同创造价值。服务主导逻辑表明价值总是在与顾客进行资源交互与激活的过程中创造的，企业与顾客都是资源的整合者：一方面，只有顾客借助自身的知识与技能学会使用企业提供的商品，并使其适应其独特的需求和使用情境，才能使产品产生价值，企业提供的仅是价值主张，企业与顾客要通过共同生产进行价值创造；另一方面，企业与顾客交互，利用顾客的操作性资源，可以设计出满足顾客独特、不断变化需求的产品，通过价值共创整合了大规模定制和关系营销。

早期的价值共创研究关注顾企之间的二元关系，但由于企业处在一个动态多样的商业生态系统当中，现有基于服务主导逻辑的研究已将价值共创的主体拓展至利益相关者互动的服务生态系统范畴（张悦等，2020）。服务生态系统是一个自发感知和响应的松散耦合时空结构，提出价值主张的社会、经济行动者通过制度、技术和语言进行互动，在该系统共同提供服务、参与相互提供服务和共同创造价值（Vargo 和 Lusch，2011）。服务生态系统将不同的行动者联系起来共享制度逻辑以促进价值共创。一个机构的行动者分享的越多，所有行动者可获得的潜在协调利益就越大。企业需要制定合适的制度鼓励行动者分享，制度在价值创造和服务交换中发挥着核心作用（Vargo 和 Lusch，2016）。制度和互动是价值共创的核心，资源整合和服务交换实现价值共创（王琳和陈志军，2020）。关于服务生态系统，需要考虑三个问题：第一，系统需要具有结构灵活性和结构完整性。结构灵活性是指行动者在生态系统中容易合作；结构完整性描述了行动者在生态系统中的关系及其耦合程度，属于生态系统的参与度指标。第二，服务生态系统需要拥有一个共同的世界观，以拉近行动者之间的认知距离。标准或制度形式的共同世界观确保了行动者对于资源整合的相互理解，使得他们在资源交换上能更快地保持一致。第三，服务生态系统需要提供一个参与架构。这种架构通过应用透明规则和提供行动者贡献的透明度来促进行动者之间的互动（Hein 等，2019）。

2.2.2 消费者体验主导逻辑

进入 21 世纪，顾客有了更多选择但满意度降低了，企业有了更多战略选择却产生了更少的价值。这个矛盾的现实使得价值创造迎来新的框架，即企业需要与顾客进行价值共创，为顾客创造独特的价值，才能在实现顾客价值的基础上实现企业价值。根据消费者体验主导逻辑，顾客参与了价值的定义与创造过程，顾客的共创体验是价值的基础（Prahalad 和 Ramaswamy，2004）。因此，企业必须专注于共创体验的质量，而质量来源于企业与顾客的互动情况。另外，由于个体的独特性会影响共创过程和共创体验，所以企业需要通过有效创新体验环境，借助顾企互动为每位顾客创造独特体验。

Prahalad 和 Ramaswamy（2004）还提出了促使顾客个性化共创体验的关键因素 DART 模型，D（Dialogue/对话）表示双方要共享知识和加强沟通交流，要创造和维持一个忠诚的社区；A（Access/获取）始于信息和工具，要确保消费者能获得正确实时的相关信息；R（Risk assessment/风险评估）表明企业要通过数据和合适的方法评估产品和服务可能带来的风险，并要完全告知消费者；T（Transparency/透明）指出顾企之间的信息不对称已逐渐消失，企业要使顾客能够轻松获得产品、技术、商业系统等信息。企业管理者可以对这四个因素进行不同的组合以更好地吸引消费者，使其成为企业的合作者，如组合"获取"和"风险评估"能形成新的商业模式，进而产生令人信服的共创体验。

Nambisan 和 Baron（2007）在在线产品论坛上实证考察了客户实际的共创体验，为 Prahalad 和 Ramaswamy（2004）的主张，即客户在价值共创中获得的体验是重要的价值来源，提供了支持。此外，Nambisan 和 Nambisan（2008）提出在虚拟顾客环境中，顾客体验由四部分组成：实用体验、社交体验、可用体验和享乐体验。实用体验是指顾客访问或是参与活动是为了获得与产品相关的信息。在虚拟环境中，互动会让顾客感知到他们属于该群体或该社区，这种潜在的社会关系形成社交体验。而可用体验来源于人机互动的质量，顾客期望能够轻松交互与执行任务。最后，顾客在虚拟环境中的互动也是一种快乐源泉，会为顾客带来享乐体验。根据 Nambisan 和 Nambisan（2008）提出的四个体验维度，Kohler 等（2011）进行了行动研究以探索虚拟世界中的共创体验。他们的工作证实了实用体验、社会体验和享乐体验在虚拟世界中的重要作用。

2.2.3 价值共创的概念和维度

价值共创是顾客在一个或多个生产和消费阶段与企业进行直接或间接合作，来共同创造价值的过程（Kohler 等，2011；Roggeveen 等，2012）。参与、互动、自助服务和体验被认为是价值共创的重要因素（Bendapudi 和 Leone，2003）。早期的研究将价值共创描述为共同生产和顾客能力的累积效应（Chunyan 等，2008；Etgar，2008；Ordanini 和 Pasini，2008）。McColl-Kennedy 等（2012）在对多篇文献进行总结后，提出价值共创包含两个维度：共同生产和使用价值。企业邀请消费者积极参与新产品开发、服务传递、服务恢复、在线社区内容创造等，属于与顾客直接或间接的共同工作，是价值共创第一个维度"共同生产"的体现。"使用价值"超越了"共同生产"，它要求消费者要学习如何使用、维护产品或服务，描述了消费者对产品或服务的体验和评估，将价值延伸到即时交换领域之外，表现为使用和体验的实现。Ranjan 和 Read（2016）进一步揭示了共同生产和使用价值维度下包含的概念元素，提出共同生产包括知识、互动和公平，使用价值包括体验、个性化和关系。

中国学者根据各自对价值共创的理解，借鉴已有研究，也识别出了价值共创包含的维度。朱勤等（2019）根据 Claro 和 Claro（2010）的研究，认为价值共创包括"共同制订计划""共同解决问题"和"灵活做出调整"。"共同制订计划"是指对未来或有事项以及关系中相应的职责和责任进行明确说明的程度，共创双方要积极主动共同设定目标，使未来关系可预见。"共同解决问题"是指共创双方共同解决分歧、技术故障和其他意外情况的程度。"灵活做出调整"是指合作各方对不断变化的环境表现出的适应程度。张婧和何勇（2014）结合 Claro 和 Claro（2010）、Aarikka-Stenroos 和 Jaakkola（2012）的研究，提出价值共创包括"共同制订计划""共同执行计划"和"共同解决问题"，其中"共同执行计划"是共创双方共同参与、协同、实施计划的过程。

根据服务主导逻辑，客户是价值的共同创造者，因此许多学者就顾客价值共创行为包含的维度进行了具体研究。一些学者认为，顾客价值共创行为由多种独特部分组成，是多维度概念。例如，Yi 和 Gong（2012）提出顾客价值共创行为包括顾客参与行为和顾客公民行为两个维度，每个维度又各自包含四个组成要素。顾客参与行为的组成要素是信息寻求、信息共享、责任行为和人际交往，顾客公民行为的组成要素是反馈、倡导、帮助和容忍。唐方成和蒋沂桐（2018）认为，虚拟品牌社区的顾客价值共创行为包括顾客反应行为和顾客公民行为。顾客反应行为是顾客为了满足服务需求与提升服务价值进行的角色内行为，如参与企业新产品的评测、创意征集活动等。顾客公民行为是指顾客主动自愿地为企业更好地发展进行的非必要的角色外行为，如在其他平台上与他人谈论、宣传企业的产品和服务等。而其他的学者则认为顾客价值共创行为是单维度概念，如 Fang 等（2008）使用顾客参与活动的程度衡量顾客价值共创行为。

2.2.4 价值共创的影响因素

促进顾客价值共创的激励因素分为五种：财务、技术、社会、心理和个人综合（Palma 等，2019）。财务因素是指给予客户金钱奖励、利润分享或知识产权所有权等。技术因素是指通过参加公司经营的论坛和发展团体，让顾客获得技术知识。社会因素指通过价值共创赋予客户地位、社会尊重、良好公民权和加强与其他各方的关系等。心理因素则侧重于纯粹的利他主义，通过激发顾客创造性的追求、感知的自我表达和自豪感，促使顾客价值共创。个人综合则是顾客依据身份结构、职业发展、产品或服务的个人利益以及与其他参与者的竞争等因素综合衡量是否参与价值共创。

基于体验的视角，Nambisan 和 Baron（2009）开发了一个概念模型来检验在虚拟客户环境中，客户自愿参与价值共创活动的动机。他们的模型包含了四个好处：认知好处、社会综合好处、个人综合好处和享乐好处，顾客会根据他们在虚拟顾客环境中互动获得的这些好处来决定实际的参与程度。其中，认知好处是指客户对产品、基础技术及其使用情况有很好的理解。社会综合好处是指增强客户的归属感或社会认同感。个人综合好处是指提升客户的声誉或地位以及实现自我效能意识。享乐好处是指客户获得有趣的精神刺激。Zhang 等（2015）在已有研究的基础上，进一步证实顾客的学习价值、社会整合价值和享乐价值是社交媒体共创体验的组件，会影响顾客未来的共创意愿。李燕琴等（2020）根据 DART 模型提出 VCCE 模型，以中国企业为分析对象，证实了感知互动性、感知可得性、感知公平性和提升投入产出会影响消费者的价值共创意愿。

由于价值共创已拓展至服务生态系统，因此已有学者探讨了服务生态系统背景下促使价值共创的因素。Barile 等（2020）发现，技术本身、知识共享和社会变量是影响价值共创的三个前因。技术工具和平台的应用提高了行动者之间的关系强度和有效性。知识共享导致了行动者的融入与授权，能为行动者带来更好的体验。而规则、惯例、权力关系和意识形态等社会变量作为外部变量会影响价值共创的过程。

2.2.5 价值共创的结果

已有很多研究探讨了顾客价值共创对组织绩效的影响，大部分研究认为价值共创带来的资源整合对组织绩效有正向影响。例如，Zaborek 和 Mazur（2019）以波兰制造业和服务业中小企业为样本，发现顾客价值共创在服务提供商和制造商中均产生了积极的运营和财务结果，且价值共创对服务公司的积极影响比制造商更大。Ge 等（2019）的数据表明客户与社会企业的价值共创可以有效提高社会企业绩效，促进社会企业成长，这是因为客户参与社会企业的价值创造可以有效地提高社会企业的资源整合能力，进而提升其解决社会问题的能力。但也有研究显示，顾客价值共创会对组织绩效产生不利影响，如 Desmarchelier 等（2020）表示价值共创往往假设与用户合作会提高组织的绩效，但如果组织的学习周期因来自新环境的模糊性和相互冲突的信号而瘫痪，就会阻碍员工的适应能力，并最终导致组织的适应能力下降。

另外，相关文献还探讨了顾客价值共创对客户恢复、客户忠诚、一线员工创新行为、新产品开发、商业生态系统健康等的影响。Rodolfo 等（2017）的研究显示，在服务失败的情况下，企业通过鼓励顾客进行价值共创，可以避免同样服务问题的再出现，对于顾客满意度、重购意愿及口碑均有正向影响，有利于客户恢复。Lee 等（2019）发现客户的价值共创行为使得企业能够与客户建立相对更加亲密与有利可图的关系，会提高客户的满意度，进而增加客户对企业的忠诚。Cindy 等（2018）发现，顾客参与价值共创提供的可操作性资源（知识、反馈等）为一线员工调整服务内容、为消费者开发新的产品组合提供了支持，会激发一线员工的创新行为以满足顾客的需求和更好地为顾客解决问题。Kim 和 Slotegraaf（2016）提出，品牌嵌入式互动的价值共创可以更好地了解消费者的需求，使消费者了解品牌的当前利益，进而促使消费者产生有利于品牌策略的新产品创意。Joo 和 Marakhimov（2018）认为，顾客价值共创有助于提高商业生态系统的健康。一方面会提高焦点公司和其他参与者的销售和声誉，对商业生态系统的生产力产生积极影响；另一方面会抵制那些恶化商业生态系统健康的公司，促使它们离开，进而增强商业生态系统的稳健性。

除了探讨顾客价值共创对企业的影响外，已有学者也开始研究其他利益相关者与企业价值共创可能带来的结果。Shi 等（2020）以中国绿色供应链为研究对象，发现制造商和供应商的价值共创可以深化双方的信息共享与合作，提高原材料的供应效率和制造企业的供应链灵活性，对制造商的财务绩效产生积极影响。Tian 等（2021）提出，由于消费者对优质商品的需求以及行业竞争的加剧，中小企业更愿意与其他企业进行价值共创，企业间的这种价值共创提高了中小企业的绩效。张宝建等（2021）分析了商业生态系统背景下多方利益相关者的价值共创会带给企业的生态优势，该优势保证了企业创新绩效的实现。

2.3 融资可得性相关文献综述

2.3.1 融资可得性概念及融资相关理论

融资包括股权融资、债权融资及内源融资。融资可得性是指企业获取股权融资、债权融资及内源融资的效能总称。股权融资和债权融资获得的资金均来源于企业外部，所以属于外源融资。股权融资是指企业通过让出部分所有权、引进新股东而获得资金的方式。债权融资是指企业通过向债权人借钱获得资金补充，由于债权人性质不同，因此债权融资包括金融性负债融资（如向银行融资，到期需要还本付息）和商业信用融资（如暂欠供应商货款得到周转资金，到期一般不需要支付利息）。内源融资是指企业根据自身经营的成果，将留存收益转化为企业再发展的资金。由于企业内源融资数量有限，因此为了维系企业的持续发展，企业必须依靠外源融资进行资金补充。然而一般中小企业、新创企业、服务企业等由于自身规模较小、财务状况不够透明、缺乏可抵押资产等情况，外源融资相对困难，因此围绕上述企业外源融资可得性的研究较多。

与融资可得性相关的理论主要有代理理论、制度理论和信号理论。代理理论认为借款人和贷款人之间存在信息不对称（Roberts，2015），信息不对称导致信息缺乏和道德风险，贷款人会不愿意向被其视为高风险的借款人贷款。中小企业在业务报告和运营方面的信息披露不够透明，导致信息不对称程度高于大公司（Stiglitz 和 Weiss，1981）。另外，大多中小企业缺乏足够的抵押品，使得它们无法有效地显示信用质量。因此，信息的不对称和缺乏抵押品减少了中小企业获得融资的机会。

制度理论认为，经济行为者的活动和国家的经济表现主要由国家的制度环境驱动，因为它决定了生产和交易成本，从而决定了财务决策。已有文献表明，各国的制度环境导致了市场摩擦和不完善，进而影响公司融资（Acemoglu 和 Johnson，2005；Hail 和 Leuz，2006；Doidge 等，2007；Alves 和 Ferreira，2011；Álvarez-Botas 和 González，2021）。具体而言，强大的制度环境提高了司法系统和会计准则的效率，促进了金融发展，增加了公司治理的透明度，降低了征用和拒绝合同的风险、代理问题、权益成本，减少了信息不对称问题和债务成本，会增加企业获得融资的机会；相反，如果某一国家的体制环境加剧了决定公司融资的市场摩擦的严重程度，就会减少企业获得债权融资或股权融资的机会。

Spence（1973）的信号理论提出，信息灵通方可以向信息不灵通的一方发送质量信号，以减少信息不对称。信号理论可以很好地应用于初创及中小企业风险资本融资（Connelly 等，2011）。由于此类企业的质量往往无法直接观察到，风投必须依靠其他信息来源，特别是可观察到的特点来进行判断。因此，企业家要投资那些可观察到的特征，将它们作为质量信号发送给资金提供方以获得进一步发展的资源。

代理理论表明，中小企业融资困难，根据制度理论和信号理论可以从提升国家制度环境质量和企业发出优质信号方面帮助中小企业增加融资机会。国家制度环境是影响融资可得性的外部因素，企业发出的优质信号是影响融资可得性的企业自身层面的内部因素。因此，本书将对影响融资可得性的内部、外部两方面的因素进行深入的文献梳理。

2.3.2 影响融资可得性的外部因素

2.3.2.1 外部宏观环境

已有研究从外部宏观环境出发，探讨其对中小企业融资可得性的影响。Caballero 和 Hammour（2001）认为，有利的宏观环境因素通常有助于市场获得更多的信息和更高的效率，贷款人可以利用宏观环境数据确定中小企业盈利和违约的可能性，如果预计的业务表现看起来有希望，那么市场上可用的信贷数量就会增加。这种市场效率减少了贷款人和中小企业之间的信息不对称，使得中小企业容易获得融资。Michael 等（2020）根据已有研究梳理出了有利于中小企业获得融资的外部宏观环境因素，它们是金融基础设施、税收政策和制度。首先，发达的金融基础设施有利于形成健康和有竞争力的银行市场，银行拥有的充足信贷会增强中小企业获得外部融资的信心。其次，中小企业用于维持业务运营的资源有限，税收政策会对它们的经营业绩产生影响（Chittenden 等，2003）。因此，一个税收政策对中小企业友好的国家往往有一个更发达的信贷环境，更有利于企业的发展。最后，与税收政策影响企业融资的逻辑类似，制度反映了政府如何促进企业生存并保护中小企业所有者权利的情况。良好的制度可以在借款人和贷款人之间建立信任，为违约合同提供支持性的法律服务，健全的体制和投资环境会带来外部融资机会的增加。Denis（2004）对公共政策如何刺激创业公司融资的文献进行了回顾。这些研究涉及的公共政策大致分为发展风险融资市场和创业企业的公共融资。发展风险融资市场可以解决信息不对称和道德风险导致的投资不足问题。比如，税收政策可能影响资金供应，股票市场活跃会带来风险资本市场繁荣，发展天使网络的政策会鼓励天使投资者进行创业投资等。而为知识型企业提供公共融资可以解决信息溢出导致的投资不足问题。Valentina 和 Robert（2015）提出更好的合同执行、有效的抵押制度和运作良好的法律制度都减轻了信息不对称的负面影响，提高了债权人对借款人进行分类的能力。Barth 等（2011）的研究表明，多个银行监管机构的制度促使银行审慎放贷，通过降低融资成本使一些中小企业受益。然而，此种制度对银行应向公众发布信息的程度提出了更加严格的要求，在有助于一些中小企业获得结构更好的贷款的同时，也加剧了其他中小企业获得银行贷款的难度。

2.3.2.2 银企关系

由于中小企业的可靠信息稀少且成本高昂，关系型贷款通常被认为是收集中小企业信息的最合适的贷款技术（Boot 和 Milbourn，2002），公司与银行建立长期关系，确保公司获得信贷，并让银行获得有关公司的软信息，这种关系的一个重要特征是信息价值的增加（Schæffer，2003）。软信息的例子包括中小企业所有者的特征和可靠性，从过去交易中收集的公司信用记录，与供应商、客户或合作伙伴沟通获取的中小企业未来前景信息（Berger 和 Udell，2006）。根据来自美国银行和中小企业的数据，大型银行被发现能够利用规模经济处理硬信息，但在处理软信息方面相对较差，因此倾向于借款给金融比率较好的企业，而小型银行则更多地依赖软信息，会借款给关系较强的中小企业（Berger 和 Udell，2006）。然而，Torre 等（2010）通过对 12 个国家的银行数据进行统计，却发现大多数银行包括大型银行也希望为中小企业服务，它们可以利用大型多服务平台和分行网络，通过复杂的商业模式和风险管理系统，使用关系以外的其他类型信息和激励兼容机制，为许多中小企业提供融资服务并确保还款的可能性。Durguner（2017）认为过去几十年中，银行业的整合和硬信息借贷技术的进步，可能降低了借款人与贷款人关系对小企业贷款的重要性。因此，他们利用 1987 年、1993 年和 2003 年小企业财务调查的数据，探寻借款人与贷款人关系在小企业贷款中的重要性变化。结果显示，一些关系变量不再决定合同条款或信贷可用性，然而，另一些表明借贷关系强度的变量（借款人与贷款人的支票和储蓄账户余额，以公司年销售额的百分比衡量）却能继续使小企业借款人受益。

国外一些研究还考察了银行并购对小企业贷款的影响，最常见的发现是，当并购涉及一个或多个规模较大的银行组织时，并购后往往会减少对小企业的贷款；而如果是小规模银行之间的并购，并购后往往会增加对小企业的贷款（Avery 和 Samolyk，2000）。如果并购后创造了更大的银行，减少了它们对一些小企业的关系型信贷的供应，那么新的小银行可能会进入市场为这些小客户提供信贷。Berger 等（2001）以美国银行数据为基础，考察了银行并购对同一市场中其他银行开展的小企业贷款的外部影响。结果表明，这些来自竞争的动态变化对其他银行产生了适度的积极外部效应，会鼓励现有小银行增加对中小企业的贷款供应。

2.3.2.3 信贷技术

区块链是近年来开发的最重要和最具创新性的技术之一，它的主要特点包括分散、强认证和防篡改。Wang 等（2019）提出在信贷系统中引入区块链技术，可以增加公司的违约成本，一旦公司违反合同，违约信息将立即传输并发布给所有访问区块链的银行和企业。因此，区块链技术起到了筛选机制的作用。当企业违约成本增加时，风险较高的企业更不愿意使用区块链进行融资，因为它们更有可能承担违约成本。而低风险、高质量的中小企业即使不能在传统贷款模式下获得银行贷款，也可以通过区块链显示其信誉和风险类型，进而获得银行融资。另外，Abbasi 等（2021）研究了 P2P 贷款金融技术对中小企业获得融资机会的影响。他们发现 P2P 贷款金融科技利用大数据，能够更准确地评估中小企业的信贷风险，增大了中小企业获得贷款的机会，且较高的机构质量对 P2P 贷款金融科技和中小企业融资可得性之间的联系具有积极的调节作用。

2.3.3 影响融资可得性的内部因素

2.3.3.1 企业家特征

Irwin 和 Scott（2010）的调查显示，企业家教育水平越高越容易获得银行贷款，这可能与银行家重视高等教育或是受过高等教育的职业经理人更善于表达、更有可能说服银行有关。Nigamde 等（2020）的研究也显示，高管具有精英教育学院的学位和高管团队的广度（团队人数多）均与获得融资的可能性有着积极的联系。Eckhardt 等（2006）发现，具有特定行业经验的企业家会让投资者认为该企业能够更好地了解消费者的需求并更好为他们服务，因而对企业获得外部融资产生积极影响。

已有研究认为在"正常"条件下获取银行贷款时，存在性别歧视。例如，Bellucci 等（2010）指出，鉴于女性企业家在经济中的传播程度较低，有关这些企业的信息可能更加有限和不太可靠；同时女性大多厌恶风险，会选择较为安全的项目，而这些项目带来的利润较低，导致信誉良好的女性借款人难以以公平价格获得信贷。他们以一家意大利银行提供的数据进行研究，发现女性企业家在贷款合同的定价条款上没有受到歧视，但她们在抵押品要求和信贷供应方面与男性相比处于不利地位。但在非常时期，情况可能有所逆转。Wellalage 等（2021）对 COVID-19 大流行期间的私营公司进行跨国抽样调查，发现女性企业家在大流行期间获得债务融资的可能性比男性企业家高 2 个百分点。这表明，在高度不确定的环境下，典型的女性化形象可能更有利，因为金融机构试图通过偏向更保守的借款人来对冲风险。

除了考察教育、性别等硬性人员特征外，还有学者从高管关系的软性人员特征方面进行研究。Zhang 等（2021）对在中国 A 股上市的民营企业的数据进行观察，发现基于公司党组织建立的政治关系对民营企业的债务融资可得性有着显著的积极影响。这种影响在体制环境较好的地区被削弱，然而当企业得到产业政策支持时，这种影响会加强。Xia 等（2019）的研究表明，公司招募具有良好关联性的独立董事能帮助他们获得信用融资。然而获得的是成本较高的应付票据，而不是成本较低的应付账款。

2.3.3.2 创新

专利是衡量企业创新情况的重要指标，已有大量研究讨论了专利与企业融资之间的关系。Audretsch 等（2012）的实证结果表明，拥有专利的新兴企业从风投获得股权融资的可能性较高。Conti 等（2013）对大多数信息技术初创企业进行了抽样调查，也发现初创企业申请的专利数量与风险资本投资的可能性和获得的资金数额有积极关系。Greenberg（2013）则提出专利申请与公司估值呈正相关。这可能是因为专利作为一个积极的创新信号，证明了公司的技术实力。另外，商业模式创新也是股权融资时投资者非常关注的重要因素。Cassar（2004）的研究表明，商业模式创新对融资可得性具有重要影响。项国鹏等（2019）发现，效率型商业模式创新更容易得到投资机构的青睐。李正昕和吴婵君（2018）将商业模式的组成要素划分为客户细分、核心资源、沟通形式和盈利模式。在此基础上，以初创型多边平台企业为样本，实证研究发现客户细分定位为小众型，核心资源以客户资源为主，沟通形式与盈利模式匹配，会为企业带来更多的股权融资。曾繁旭和王宇琦（2019）以中国传媒项目为案例分析对象，总结了容易获得融资的商业模式关键特征，即要具有颠覆性创新的特质，具体包括关注零消费的市场、提供差异化的内容和 IP、采用多层次的客户运营策略等。已有研究基本认同创新与融资可得性之间的正向关系，但学者们也认为该关系存在边界条件。比如，Wellalage 和 Fernandez（2019）发现在正规融资部门分配效率低下时，创新型公司可能受到歧视，信贷往往流向政治关系良好的公司，而这些公司创新程度较低。

2.3.3.3 网络关系

大多数研究表明，网络在促进初创企业和资助者之间的互动方面发挥着重要的协调作用，大量增加了小公司获得债务融资和股权融资的机会（Seghers 等，2012；Shane 和 Cable，2002；Uzzi 和 Lancaster，2003）。网络能够促进信息的广泛传播，会降低信息的不对称性。一个企业在组织间关系网络中的突出地位表明了其质量和未来前景，可以作为信号帮助企业获得更多融资。结构洞越多的企业获得的信用融资越多，这种促进效应在市场化程度较高、竞争激烈的行业和地区更为明显（Chen，2015）。供应链网络的关系嵌入使节点公司之间能够进行沟通与合作，促使中小企业与对其融资产生影响的合作伙伴建立信任，从而增加了中小企业获得资本的可能性；而供应链网络结构嵌入促进了资金和信息的流动，又进一步为中小企业提供了获得必要资源和市场进入的机会，确保了贷款的偿还（Song 等，2020）。Song 和 Wang（2013）发现，在私人和家族企业融资网络中，企业所有者或管理者与亲友的个人关系也能够实现从重点企业到关联企业的能力和资源转移，形成关系溢出效应。企业在网络中的关系优势有利于横向软硬信息的传递，间接地改善了信息不对称，对融资绩效有积极影响。Hoenig 和 Henkel（2015）通过对欧洲和美国风险资本家的联合调查，发现他们依赖于研究联盟和团队经验作为初创公司技术质量的信号，并以此筛选出优质企业进行投资。企业家需要意识到这一点，并应尽早专注于建立自己的联盟网络。也有研究开始关注企业与消费者建立数字网络对融资可得性的影响。Nigamde 等（2020）的研究显示，成功与消费者建立数字网络和建立关系的公司构建了成功的品牌形象，这对风投是一个积极信号。在所有数字信号中，社交媒体网络（使用社交网络在多个网站上聚集大量关注者）对获得资金的影响最大。

2.3.3.4 其他信息

高管人员特征、创新及网络关系是融资研究关注较多的内部前因变量。除此之外，学者们还从企业特征的不同方面展开讨论，呈现多元化态势，如资产、销售的情况，采用的财务政策等。比如，Yildirim 等（2013）的研究表明，资产规模、销售额和稳定性、出口率和企业法律形式是中小企业能否获得银行信贷融资的重要决定因素，那些销售收入高且稳定的规模较大的公司更有可能获得当地银行提供的信贷服务。Purnima 等（2019）以印度企业为研究对象，发现成熟的中小企业在市场上具有较高的信誉，有助于它们获得信用融资，而且企业年龄因素有助于在一定程度上解决与债权人的信息不对称问题，有利于企业获得金融性负债。Meuleman 和 Maeseneire（2012）发现，获得政府研发补贴为中小企业提供了一个积极信号，导致企业能够更好地获得长期债务。Barth 等（2011）提出促使公司更加透明的因素，如使用国际会计准则、拥有外部审计师等都对中小企业的融资状况产生积极影响。Ullah（2020）调查了国际公认的质量认证在改善 137 个国家的 39638 家中小企业获得外部融资的机会方面所具有的信号价值。结果发现，质量认证有助于公司向债权人和投资者可信地发出其未观察到的质量信号，减少信息不对称，与其他同等的无证公司相比，认证公司能获得更多的银行融资和股权融资，而未经认证的公司则更多地依赖非正式资金来源。

对于社会责任对融资可得性的影响，学者们的观点不尽相同。Wu 等（2014）对中国非国有上市公司进行抽样调查，发现位于社会信任度较高地区的公司会从其供应商那里获得更多的信用融资，这表明社会信任有助于企业利用和获得更多的信用融资。Cheung 和 Pok（2019）回顾了关于社会责任与信用融资关系的研究。一些学者认为，社会责任作为一种增强信任的工具，加强了供应商和买方之间的积极关系，促使企业更容易从供应商那里获得融资并保证信用融资的提供更具可持续性。还有学者认为，高社会责任的公司往往负债期限较短，再融资风险较高，因此这类公司往往会囤积现金。预防动机认为，持有现金与信用融资有积极关系，因为公司会倾向于使用现金作为对冲信用融资风险的工具。然而 Shou 等（2020）通过实证检验发现，社会责任对信用融资是 U 形效应。他们发现，随着企业社会责任业绩的提高，买方公司的信用融资首先是下降，这是因为买方公司向供应商发出信号，它们有足够的财政资源，对信用融资的需求不强烈。然而，当买方公司的社会责任履约增长超过一定水平时，由于企业业绩（如信誉和道德资本）的积极信号效应更加突出，导致供应商会为它们提供更多的信用融资。

2.4　文献述评

（1）现有研究大多基于要素视角和利益相关者视角对商业模式进行定义。基于要素视角的商业模式定义已趋向统一，基本认同商业模式是企业价值创造、价值传递和价值捕获机制的设计或架构。基于利益相关者视角的商业模式则更加关注企业与其利益相关者之间的交易结构，包括交易主体、交易方式及交易定价。

(2) 对于商业模式的研究主要聚焦于引起商业模式创新的原因、如何进行商业模式创新及商业模式创新的结果。已有研究基本认同技术发展是商业模式创新的主因，随着数字技术的发展，商业模式迈向数字商业模式阶段，数字技术使得万物互联，促使商业模式研究要更加偏向利益相关者视角，但是该方向的研究较少。对于如何进行商业模式创新，各学者则从商业模式整体创新与各要素创新方面展开丰富探索。然而，基本是聚焦于要素视角的商业模式研究，很少涉及利益相关者角度的商业模式创新研究。学者们均认为商业模式创新会对企业绩效产生影响，该方面研究结果丰硕，不过对于其中的中介机制特别是利益相关者行为在商业模式创新与企业绩效之间的作用还有较大的探索空间。

(3) 价值共创及后续拓展的服务生态系统已成为企业研究的热点。价值共创强调企业要与顾客合作共创价值，顾客拥有的操作性资源是企业形成竞争优势的根源。服务生态系统将价值共创的主体从顾企拓展至利益相关者范畴，各经济行动者通过制度、技术和语言进行互动，共同提供服务、参与相互提供服务和共同创造价值。如何促进各主体进行价值共创是理论研究的关键。目前，已有研究从心理、社会、可获得好处、技术、规则等角度展开讨论，而作为一种企业与利益相关者交易关系设计的商业模式在该方面的研究却涉猎不多。从基于利益相关者角度的商业模式出发，商业模式创新的目标就是促进利益相关者与企业进行资源整合，企业与各利益相关者可以通过交易结构的设计实现价值共创进而达到价值创造最优。但是，如何进行交易结构设计或是交易方式创新以促进利益相关者价值共创，目前研究较少，实证研究更是匮乏。

(4) 中小企业的融资问题一直备受学界关注，由于信息的不对称，企业可以通过与银行建立良好关系，基于自身信息发送质量信号等提高融资可得性。其中，商业模式创新对于企业融资绩效的影响也得到了广泛的讨论。已有研究基于要素视角的商业模式概念研究了对哪些构成要素进行创新或是商业模式整体如何创新，才能获得投资机构的青睐。对于商业模式创新为何会为企业带来融资归结为商业模式创新提高了企业的竞争优势。然而，商业模式创新能否增强企业竞争优势需要得到市场的认可，这就意味着商业模式创新与竞争优势之间存在中间机制，目前对于中间机制特别是基于利益相关者角度的商业模式创新与竞争优势间的中间机制鲜有考察。

3 商业模式创新对融资可得性影响的理论模型构建

为了保证本章理论模型的构建更加具有现实意义,本章首先利用爬虫分析找到当前服务类企业对于商业模式的关注重点,然后结合相关理论及爬虫分析的结果构建理论模型。理论模型构建主要涵盖以下内容:基于利益相关者角度的商业模式概念,结合数字化和服务企业背景,确定与价值共创紧密联系的商业模式创新的相关变量;探讨价值共创对企业能力的影响,价值共创、企业能力在商业模式创新与融资可得性之间可能产生的中介作用,制度可能具有的调节效应。

3.1 爬虫分析

根据 2019 年埃森哲中国企业数字化转型指数研究,自 2018 年起中国企业普遍开始思考数字转型并为应对数字时代有所行动[①]。因此,作为数字化转型暗含的商业模式创新也已成为企业界最为关注的议题之一。上市公司为应对数字化转型进行的商业模式创新来源于企业不断地实践与探索,对于本书研究具有参考意义。因此,本书将借鉴上市公司的商业模式创新实践来确定本书商业模式研究的相关变量。本书认为,企业在数字化背景下的商业模式创新是企业发展的重大战略,此类信息会被作为企业当年经营情况的总结体现在年度财务报告当中。年报

---

① 2019 埃森哲中国企业数字转型指数研究 [EB/OL]. 2019-09-10. https://www.accenture.cn/cn-zh/insights/digital/digital-transformation-index-2019.

当中的词会折射出企业为应对数字化而采取的商业模式行动的聚焦方向及创新路径。考虑到本书的研究对象是中小服务类企业，本书选取创业板服务类上市公司的年度财务报告作为对照分析对象，运用Python进行爬虫分析、做词语筛选，为本章理论构建所涉及的商业模式相关变量的确定提供现实依据。

3.1.1 数据采集与处理

根据埃森哲的研究，考虑到数据的可得性，本书将爬虫对象确定为创业板服务类上市公司2018年和2019年的年报。具体操作是：在深圳证券交易所官网查找到创业板下批发零售、运输仓储、住宿餐饮、商务服务等服务类板块2018年和2019年的年度财务报告界面，利用Python中的Requests库对网页数据进行爬取，剔除ST和*ST公司，最终得到701个样本点；然后使用Jieba库对文本进行切词处理，并且去除其中的停用词（类似呢、了、的、啊之类的日常用语）、单个字的词以及非中文的词；再利用Python统计每个词出现的次数，词与词频一一对应形成数据池，最终得到词语45684个。对这些词语的词频做描述性统计，结果显示：词频的最高值为30900次，最低值是1次，中位数是3次。这表明各企业在进行财务报告内容描述时存在较大的差异，部分数据池的展示如表3-1所示。观察各词语出现的频率，发现"募集"出现了8623次，"筹资"出现了1349次，"融资"出现了1255次，均属于高频词汇，说明规模较小的服务类企业普遍关注企业融资问题。

表 3-1　部分词频结果

词	词频	词	词频	词	词频
业务	30900	企业	16016	科技	11164
服务	29528	产业链	15917	互联网	10879
产品	25383	股份	15125	软件	10805
数据	22914	营业	14690	智能	10769
技术	22403	收入	14394	智慧	9976
客户	18893	系统	13757	募集	8623
发展	18169	经营	13750	运营	8440
创新	17596	投资	13083	能力	7851
平台	17209	信息	13061	投入	7487
管理	16961	市场	12438	损益	7285

3.1.2 词语筛选

由于采集到的数据非常庞杂，因此需要对词语进行筛选，找到与商业模式主题契合的词语。本书的筛选步骤为：

（1）根据已有的经典商业模式文献及本书第 2 章商业模式文献综述内容，归纳整理出与商业模式相关的特征词。本书从商业模式的构成要素出发，对商业模式特征词进行整理。Hamel（2000）提出四要素的商业模式，即核心战略、战略资源、顾客界面和价值网络。Zott 和 Amit（2011）提出商业模式主要由客户、合作伙伴、供应商和产品市场构成。Afuah 和 Tucci（2001）认为商业模式要素包括客户价值、范围、定价、收入来源、关联活动、实现、能力、持久性。Osterwalder 提出八要素模型：客户、产品、服务、价值配置、能力、伙伴关系、成本结构、收入模式。Alt 和 Zimmerman（2001）认为商业模式包含使命、结构、过程、收入、法律、技术等因素。魏炜等（2012）把商业模式定义为企业与其利益相关者之间的交易结构，包括交易主体、交易方式及交易定价。刘凯宁等（2017）通过对商业模式进行文献计量分析，发现价值主张、成本结构、关键资源、目标客户、价值网络、价值链结构、核心能力、伙伴关系、供应商、活动治理结构等 46 个要素被学者们多次提及。根据对经典文献的梳理，本书对商业模式的相关词汇进行总结，并将总结的结果与专注于商业模式研究的三位专家进行多轮讨论，最终形成战略、资源、顾客、网络、合作、伙伴、供应商、产品、定价、收入、能力、服务、价值、成本、技术、交易、利益相关者共 17 个词汇。

（2）对利用 Python 爬取的词汇进行截选，保留词频数在前 10%的词语。由于词频中位数是 3 次，75%位数是 11 次，数量均较少，代表性较低，因此本书以前 10%（50 次）作为分割线，保留词频数在前 10%的词语。

（3）根据（1）确定的 17 个商业模式特征词，对保留的前 10%的年报词语进行手动搜索、匹配，形成最终特征词。由于商业模式概念的抽象化以及语义描述存在相似性，为了保证最终整理出来的特征词尽可能更加全面与真实地展现创业板服务类上市公司商业模式行动的聚焦方向及创新路径，本书依据梳理出来的商业模式特征词，对保留的年报词语进行手动搜索、匹配。本书特邀请研究商业模式的硕士生两名，与本书作者一起，各自独立搜索、匹配商业模式特征词。在对三人的工作结果进行讨论后最终确定出 127 个相关词。为了更加直观地显示各词语出现的频率,本书绘制了词云图,词云图中字体越大,代表该词语出现的频率越高。词云图如图3-1所示。

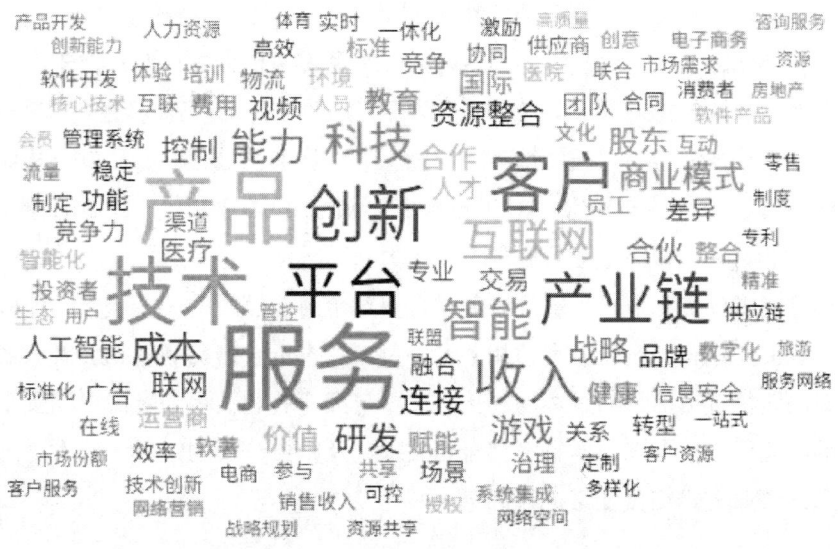

图 3-1 词云图

3.1.3 词语分析

根据词云图,可以发现"服务""产品""技术""客户""创新""平台""产业链""收入""科技""互联网""智能"是出现频次最多的词,均在10000次以上,说明创业板服务类上市公司商业模式的大概逻辑为运用技术、科技、互联网和智能等工具,借助打造的平台,通过与产业链合作,创新性地为顾客提供产品和服务,以获得收入。"商业模式"一词出现5404次,表明服务类上市公司对商业模式及其创新的重视。提及较多的涉及发展方向的词语有"游戏""教育""医疗""健康""视频""旅游"等,词频均在400次以上,说明服务类上市公司对这些细分领域比较看好或已有涉及。对提及的利益相关者进行搜寻,发现"客户""产业链""股东""人才""团队""运营商""员工""投资者""供应商"都是高频词,出现次数均在1000次以上。对这些利益相关者进行分类,可以概括为顾客、产业链利益相关者、员工及投资者四类。词频较高的涉

— 41 —

交易类的词语主要有"连接""合作""资源整合""合伙""赋能""融合""整合""协同""互联""激励""互动""共享"等，词频均在1000次以上。根据相关词语之间的逻辑结构关系，结合阅读与此类词语对应的上市公司的年度财务报告，大概总结出：服务类上市公司对于顾客，注重连接，强调通过互动、定制、多样化，利用实时在线的平台媒介，为顾客提供良好体验；对于产业链利益相关者，强调合作，注重与合作伙伴的融合、协同，提高企业的稳定与效率；对于员工，重视赋能、授权、培训与激励，鼓励员工积极创新、研发，从而为顾客提供高质量的产品与服务；对于投资者，则主要强调成本、费用的控制，产品、服务的销售，彰显企业具有的竞争实力。

通过爬虫分析，本书了解到服务类企业对于商业模式的关注重点，即服务类企业主要关注顾客、产业链利益相关者、员工及投资者四类利益相关者，商业模式创新的路径包括加强与顾客的连接、注重与产业链利益相关者的协同及重视对员工的赋能等。接下来，本书将结合相关理论及爬虫分析的结果，对本书理论模型涉及的商业模式相关变量进行确定。

3.2 相关理论

3.2.1 个体行为解释相关理论

从心理学视角出发，自我决定理论、计划行为理论及资源保存理论均解释了个体在内在需要与环境因素双重影响下的行为选择。因此，本书将以这三个理论为基础，讨论商业模式创新与价值共创之间的关系。

3.2.1.1 自我决定理论

自我决定理论的假定是个体会在识别内在需要和环境因素的基础上，产生从非自主动机到自我决定动机的连续体（Ryan 和 Deci，2000）。非自主动机主要来源于外在激励、避免惩罚等外部调节，如个体从事某行为是为了获得金钱补偿。而自我决定动机属于内在调节，是活动的乐趣和满足感驱动了行为，个体进行该行为是内化到自我的结果。通常认为外在激励会破坏行为内化的控制因素，从而减少自我决定的动机（Baxter 和 Pelletier，2020）。Ryan 和 Deci（2000）提出社会环境需要满足个体三种心理需要，即自主需要、关联需要和胜任需要，它们是个体自我发展的基础。满足这三种心理需要，才能强化个体的内在动机，驱动个体产生积极的行为。其中，自主需要是指个体期望其决策、行动等基于自身兴趣和价值观，不受外界所迫；关联需要是指个体期望与外界建立联系，以获得归属感；胜任需要是指个体期望看到自己对某任务的精通与贡献，以获得自我胜任感。

3.2.1.2 计划行为理论

计划行为理论关注的是理性思考对行为的影响，它的最基本假设是决定个体行为的最直接因素是行为意向（Ajzen，1991）。根据该理论，三个决定因素被认为对行为意向至关重要，它们分别是态度、主观规范和知觉行为控制（Conner 和 Armitage，1998）。态度反映了个体对行为的正面和负面评价的信念，关于实施某行为可能产生后果的信念被认为决定了个体对行为的态度。预期信念评价越正面，行为态度才有可能越积极。主观规范体现了外部环境特征对个体行为的影响，是指个体是否进行某行为时感知到的社会压力，如他人对个体执行某行为更加期望时，那么个体可能会产生更为积极的行为。知觉行为控制是对执行某行为感知到的控制程度，控制能力强、可控因素多，才有可能执行某行为，如个体认为自身具备执行某行为需要的技能和资源，那么个体执行该行为的意愿就会更强。

3.2.1.3 资源保存理论

Hobfoll（2001）提出了资源保存理论，认为个体总会努力获取和保存资源，以避免资源损耗。资源被定义为个体重视的实体，包括物体、个人特征、条件或能量，它们可以是心理上的（如乐观感、对他人有价值的感觉）和（或）社会方面的（如社会支持、密切的关系）（Liu 等，2020）。资源保存理论具有三个相互关联的推论：推论一，拥有较多资源的个体，更有可能为获取更多资源进行资源投资；而拥有较少资源的个体，由于强烈的资源保护意识会减少资源投资。推论二，拥有较少资源的个体，更容易感受到资源损失的心理压力，而这种心理压力会进一步加速资源的流失。推论三，拥有较多资源的个体，会因为资源投资而获得更多的资源投资收益，该收益曲线呈现出缓慢的上升趋势。资源保存理论在探索个体对环境的反应及行为选择方面具有广泛的应用（Westman 等，2004）。

3.2.2 企业能力理论

本书将运用企业能力理论讨论资源、能力的二元关系以及该关系对企业融资绩效的影响。Prahalad 和 Hamel（1990）最早提出了核心能力理论，认为企业长期的竞争优势取决于企业构建的核心能力。他们提出了三种检验核心能力的方法：第一，核心能力使企业能够较为方便地进入多个市场；第二，核心能力在顾客对产品的价值感知方面具有重大贡献；第三，竞争对手难以模仿企业拥有的核心能力。随后，Leonard-Barton（1992）提出核心能力是具有竞争优势的知识集合，当研发活动对知识提出新要求时，原有的核心能力可能会阻碍研发活动的开展，导致核心刚性。为了避免核心能力在动态环境中出现的刚性问题，Teece 等（1997）提出了动态能力理论，用于解释为什么一些组织在动态市场中建立竞争优势比其他组织更成功。Teece 等（1997）认为，企业应建立、整合和重新配置内部和外部竞争力，以适应动荡的环境。Eisenhardt 和 Martin（2000）提出，动态能力是一个整合、重新分配、获取和放弃资源以应对市场变化的过程。Helfat 和 Peteraf（2003）强调能力的动态性，同时认为以资源利用为核心的企业能力是造成企业绩效差异的根源，企业能力来源于企业拥有的异质性资源。但企业能力与资源是两个不同的概念，具有本质的区别，企业能力一般是无形的技能，在企业获取资源之后才能产生价值贡献，而资源大多是有形的，是企业价值形成的基础条件（曹红军等，2011）。资源与企业能力的协同是提升企业绩效的重要途径。

3.2.3 信号理论

本书将运用信号理论讨论商业模式创新对企业融资可得性影响的过程机制。信号理论提出，信息灵通方可以向信息不灵通的一方发送质量信号，以减少信息不对称（Spence，1973）。信息不对称是信号理论的基础。信息不对称是指"关系中的一方拥有比另一方多或更好的信息条件"（Bergh 等，2018）。接收方（信息较少的一方）可以积极地从发送方（信息较多或更好的一方）寻找信号，或发送方积极地向接收方传递信号，以促使接收方做出判断和确定行动方案。发送或传递信号时，有许多重要的因素需要考虑，如不同时间点信号的一致性、信号成本、信号频率以及追随者反馈的反信号情况（Connelly 等，2011）。信号理论可以很好地应用于初创及中小企业风险资本融资（Connelly 等，2011）。由于往往无法直接观察到此类企业的质量，风投必须依靠其他信息来源，特别是依靠可观察到的信息来进行判断。因此，企业家要投资那些可观察到的信息，将它们作为质量信号发送给资金提供方以获得进一步发展的资源。

3.3 理论模型

3.3.1 商业模式创新相关变量与价值共创

数字技术的发展为创建非常规交换机制和交易提供了空间架构，强调了跨越边界的组织形式，这些为商业模式的创新开辟了新的视野，使企业能够参与边界内和跨边界的经济交流，商业模式更加强调企业与各利益相关者进行业务结构设计及盈利结构设计。企业拥有众多利益相关者，本书根据梅亮等（2021）的研究及爬虫分析的结果，基于用户情境、产业情境以及内部情境确定顾客、产业利益相关者和员工三类利益相关者。在此基础上，再讨论商业模式创新的问题。其中，"产业利益相关者"是指上下游供应链、产业合作伙伴等利益相关主体。数字化时代赋予顾客更多话语权和主动权，服务企业拥有的资产要发挥价值，取决于顾客的需求情况。而顾客需求的快速变化倒逼供给端发生剧烈变革，组织间的关联越来越多，企业为了应对外部环境的挑战，必须要重视与产业利益相关者的关系。同时，数字化时代对员工的要求大幅提升，员工的价值越来越大，只有把企业与员工的关系上升到商业模式层面考虑，才能更加适应时代（鲍舟波，2018）。特别是对于服务业来说，员工与顾客接触密切，他们对于企业发展至关重要。因此，本书确定的顾客、产业利益相关者和员工这三类利益相关者符合现有数字化研究与商业模式创新实践的关注重点。

魏炜等（2012）、鲍舟波（2018）提出基于利益相关者角度的商业模式创新就是企业与利益相关者交易结构的创新，交易结构本质上是企业与利益相关者之间的价值交换关系，包括交易主体、交易内容、交易方式及交易定价。本书已确定了顾客、产业利益相关者及员工三类交易主体。中小服务企业在人力、资金、资源有限的情况下，可以考虑对商业模式某要素进行创新。由于企业与利益相关者的交易方式（即如何交易）是企业创造以机会为中心价值的关键（George 和 Bock，2011），因此接下来本书将主要围绕交易方式的创新探讨商业模式的创新。利益相关者拥有企业不具备但对企业发展至关重要的资源，当今商业环境的竞争取决于企业能撬动多少利益相关者手中的资源，因此，企业交易方式创新的目标是促进利益相关者与企业进行资源整合的价值共创，本书爬虫分析的结果也显示服务企业非常重视资源整合。当企业交换给利益相关者的价值能够满足他们的需求时，会促使利益相关者价值共创。所以，交易方式创新须针对利益相关者的需求而做出（Anrasi 等，2016；Kumaraswamy 等，2018）。

3.3.1.1 基于顾客角度的交易方式创新

对于顾客，工业时代的顾企交易局限于商品或服务的买卖，企业向顾客提供产品，顾客支付费用，企业获得了成本的补偿，顾客获得了产品的使用价值，至此双方完成价值交换。但数字技术的互联互通改变了企业对顾客的引导地位，顾客成为整个价值创造的中心，在面对众多选择时，顾客除了关注产品本身的价值，更期望获得良好的体验价值，对于服务业来说体验更加重要，而体验价值来源于顾企互动（Prahalad 和 Ramaswamy，2004）。根据鲍舟波（2018）的研究，企业需要以产品或服务为连接入口，与顾客建立无中介的零距离连接的交易方式，才能增强顾企互动，更好地契合顾客的心理诉求，让顾客获得体验价值。本书爬虫分析的结果也显示，服务类企业注重与顾客的连接，强调通过互动、实时在线的平台媒介等，为顾客提供良好体验。理论与企业实践均表明，零距离连接交换给顾客的体验价值更能满足数字化时代的顾客需求，因此本书将企业与顾客交易方式的创新确定为零距离连接。根据认知心理学的自我决定理论，顾企之间的零距离连接满足了顾客的胜任需要、关联需要和自主需要，会让顾客获得自我肯定感、社会整合、享乐收益等，进而促使顾客积极参与企业活动进行资源整合，实现顾客价值共创。小米的成功就证明了零距离连接对顾客价值共创的重要作用。小米不但借助论坛、微博、QQ 空间、微信等社交媒体，还通过举办剧场式发布会、"米粉节"等线下活动，采用扁平化组织结构实现专业团队与小米用户建立深度无缝连接，促使小米与用户共同进行产品的迭代更新。零距离连接和价值共创增强了小米用户的黏性，使得小米口碑迅速传播，粉丝群体不断扩大。

3.3.1.2 基于产业利益相关者角度的交易方式创新

对于产业利益相关者，工业时代企业与其交易倾向于相互博弈。大家占据于产业链上的不同位点，由于整条产业链利润总量一定，处于优势地位的组织就会压榨其他组织以获取更多利益，使得整条产业链通过彼此争夺议价权完成价值交换。然而数字化时代的顾客由于拥有多种选择，他们变得极度缺乏耐心，企业想要留住顾客，就必须快速整合资源以满足顾客的需求。这就倒逼产业链上的各企业要从博弈转向共生（陈春花，2019）。共生带来的柔性化运转能极大提升整条产业链的运转效率，最快地满足顾客需求（鲍舟波，2018）。共生使得组织成员互为主体，资源互补依赖，会释放更多的价值实现帕累托最优，即在个体组织利益不受损害的情况下尽量增加各方利益，促使企业与利益相关者价值共享。Barile等（2020）的研究显示，共生带来的资源互补有利于价值共享。本书爬虫分析的结果也表明，企业注重与产业链合作伙伴的融合、协同，通过互利共生更好地提高企业的稳定性与效率，进而实现企业收入提高。因此，共生关系避免了被压榨，产业利益相关者能够通过共生获得尽可能多的价值。由于服务类企业具有显著的市场导向性，知识对于其建立竞争优势、获得市场认可至关重要（胡乐炜等，2018），所以，本书将企业与产业利益相关者之间交易方式的创新确定为知识共生。知识共生强调组织间知识的互补、文化的兼容，使得企业与产业利益相关者之间具有相依而生的关系，为实现产业价值共创提供前提条件。根据计划行为理论，在该条件下各产业利益相关者会进行理性思考，考虑到产业价值共创能够提高对客户的响应速度和更好地满足顾客需求，促使他们获得更大收益的同时降低市场风险的冲击，他们会积极进行价值共创。国美的经历表明知识共生与产业价值共创的重要性。2014年，国美开始与上游制造商建立知识共生关系，国美将自身获取的消费者知识数据进行分析共享给制造商，双方共同研究创造出更加满足国美用户需求的差异化产品。知识共生与产业价值共创使得国美在面对2020年新冠疫情的冲击时，依旧实现1126.3亿元的交易总额，销售收入环比提升31.3%。

3.3.1.3 基于员工角度的交易方式创新

对于员工，工业时代企业与员工的交易更多是管控，企业明确员工的角色边界，员工在边界内完成工作任务获得报酬，企业得到相应组织绩效，继而双方完成价值交换。然而新生代员工个体意识提升，并不完全愿意受到组织的限定，他们更在意自我价值的实现，如果组织不能满足员工期待，他们就可能会离开。服务类企业员工流动性大，企业需要创新与员工的交易方式，通过更好地为员工创造他们需要的价值以留住员工（Siebold，2021）。新生代员工对自身成长期待很高，期望承担更多的责任，影响员工去留的原因已从注重薪酬、福利等转变为是否可以获得更高的成长性与更多的发展机会（陈春花，2021）。Hamel（2008）指出，企业与员工的关系需要向赋能转变。授权赋能会给予员工更多的机会与资源，赋予员工更大的决策权，进而能够更好地激发员工潜能、促进员工成长，让员工获得自我成就感（Siebold，2021）。这与本书爬虫分析的结果一致，服务类企业非常重视对员工的赋能、授权、培训与激励，通过赋能授权可以更好地为员工创造他们需要的价值，并借助员工的成长更好地为顾客服务。因此，本书将企业与员工之间交易方式的创新确定为授权赋能。授权赋能会为员工带来更多资源，根据资源保存理论，拥有更多资源的员工，不但不容易遭受资源损失，还更有可能为获取更多资源而进行资源投资。对于服务企业员工，则会将资源更多地用于服务顾客，并将获取的顾客资源及时共享给企业，实现与企业价值共创。海底捞对员工的授权赋能在服务业非常有名，一线普通员工即享有对客人"先斩后奏"的打折权和免单权，这一举措使得海底捞的员工流失率非常低。同时，授权赋能还促使海底捞员工积极与顾客互动，及时将一线工作接触的实际情况向公司反馈，员工积极的价值共创行为使得海底捞的服务水准与顾客满意度不断攀升。

3.3.2 制度可能产生的调节效应

中国人以关系为导向，很多活动的运作都要以信任为基础（卫海英和骆紫薇，2014），本书提出的零距离连接、知识共生以及授权赋能的交易方式就具有非常强的信任特征。零距离连接拉近了企业与顾客的空间和心理距离，频繁的互动使彼此更加熟悉，顾客会由于对企业的深入了解而获得更加真实有效的信息，进而产生对企业的信任（赵宏霞等，2015）。因此，零距离连接是提升顾客信任感的重要因素（Rovai，2002）。同时，零距离连接带来的信息分享与推荐还会降低消费者因信息缺乏而产生的不确定感和风险感，使得信任得以维持（闫慧丽和彭正银，2019）。对于知识共生，其强调的是联合依赖，构建的是互惠公平的关系，会促进组织间信任（Gulati和Sytch，2008）。而且，知识共生使得企业成员间具有相似的文化，导致他们具有较为一致的思维和行为模式，这种特征型的文化会进一步强化成员间的信任（陆杉和高阳，2007）。至于授权赋能，由于其给予员工足够的支持、权利与尊重，会唤起员工内心的共鸣，对企业产生归属感，因而促使员工对企业形成长期信任。魏华飞等（2020）的研究表明，授权赋能促使员工与管理者进行更加平等的沟通交流，有利于员工与企业建立高质量信任。

所以，基于信任机制的交易方式通过满足利益相关者的需求促进他们价值共创，实现资源整合。然而，也有研究认为，单纯基于信任机制的交易不利于中小企业发展，企业还需要制定相应的制度才能更好地促进成员间的资源交换（韩炜等，2014）。Vargo和Lusch（2016）也提出制度在价值共创中具有重要作用，合适的制度会鼓励行动者多分享，分享越多，资源整合就越有可能成功。制度是对不同利益相关者进行激励或约束的一种治理机制，包括奖励制度、合作制度、人力资源制度等（高照军和武常岐，2014）。因此，本书结合实际情况、参照已有研究，将企业对顾客的奖励制度确定为参与奖励（温馨和贾俊秀，2018），即企业制定明确的奖励标准，根据顾客的参与情况，确定顾客可获得的经济类回报；将企业与产业利益相关者的合作制度确定为合作契约（Sánchez等，2012），即企业制定正式的、具有法律约束力的协议或合同来管理伙伴关系；将企业对员工的人力资源管理制度确定为内部控制（史丽萍等，2013），即企业建立相应的内部控制制度对人力资源进行激励和约束。

一些学者认为，制度由于更加关注规范性条文，会导致不信任预期，破坏交换关系（Goo等，2009），进而削弱了信任机制对利益相关者行为的正向作用，不利于利益相关者价值共创；然而也有学者提出正式的制度与信任可以形成互补关系（Lazzarini等，2004），这意味着制度与信任的交互可以更加促进利益相关者价值共创。根据以上分析，本书提出制度在基于信任的交易方式与利益相关者价值共创的关系中具有调节作用。在接下来的章节中，本书将详细讨论参与奖励对零距离连接与顾客价值共创关系的调节作用，合作契约对知识共生与产业价值共创关系的调节作用，内部控制对授权赋能与员工价值共创关系的调节作用。

3.3.3 价值共创与企业能力

企业能力是指企业应对环境变化展现出来的能力。根据企业能力理论，资源的获取与利用是提升企业能力的关键。价值共创帮助企业获取操作性资源，操作性资源主要包括知识和技能，会促进企业能力的提升（Walter等，2006）。由于与企业价值共创的利益相关者不同，因而获取的操作性资源有所不同。Heirman和Clarysse（2004）认为资源类别的不同会对企业经营产生不同影响，使得企业能力表现不同。根据服务主导逻辑，操作性资源包括人力资源（如员工的技能和知识）、组织资源（如文化）、信息资源（如市场的知识）和关系资源（如供应商的知识）（Bo 等，2011）。已有的企业能力研究提出，企业能力主要包括市场能力、运营能力、创新能力等方面（肖兴志等，2014）。因此，本书根据操作性资源的分类，结合现有价值共创、企业能力研究文献与企业实践，提出顾客价值共创会促使企业获取市场相关的信息资源从而提升企业市场能力；产业利益相关者价值共创会增强企业与产业伙伴的关系，企业得到关系资源，有利于企业运营能力的提升；员工价值共创会保证企业获取员工在实际工作中积累的知识，产生更加契合顾客需求的服务创新，进而提升企业创新能力。其中，市场能力是指企业由于能够提供满足消费者需求的产品或服务而获得市场份额、快速成长的能力；运营能力是指企业能够高效响应外部环境变化，对资源实现有效配置，以适应环境的能力；创新能力是指企业开发新产品、新服务，以及对现有产品或服务进行不断改进的能力。价值共创与企业能力关系的具体分析如下：

企业与顾客价值共创促使企业能够更好地获取与市场需求、市场机会紧密相关的资源，保证产品和服务更加贴合顾客期望，即使面对动态的环境也能更快占领市场、扩大销售规模，继而实现企业市场份额的扩大（Ge 等，2019）。同时，顾客价值共创会不断强化企业与顾客的关系，促进彼此间信任，提升顾客的满意度，而新生代顾客喜欢在社交平台上进行信息分享，他们为企业树立的正面形象会借助网络技术迅速传播，帮助企业快速建立良好口碑，促使企业迅速成长。Joo 和 Marakhimov（2018）的研究显示，顾客价值共创有助于促进焦点公司的口碑和声誉，会提升企业的市场能力。小米与顾客的价值共创就增强了顾客对小米的黏性，参与用户不但自身会持续消费小米的产品和服务，直接为企业贡献收益，还积极与他人分享、向他人推荐，免费为小米进行宣传，进一步提升了小米的品牌形象和收入规模，促使小米的市场能力不断增强。

产业价值共创促使各方获得以往并不容易得到的隐性知识资源，使得组织间可能会产生新的"化学反应"，为顾客创造出新需求和新体验，促使企业获得了不易替代的竞争优势，进而更加适应环境变化，实现组织运营能力的提升。另外，企业与产业利益相关者价值共创可以更快地整合与产品设计、仓储运输、订单处理等相关的产业链资源，实现信息流、物流合一，加快了资源配置的效率，能够更快满足顾客需求，增强企业对环境变化的感知与响应能力，提升组织运营能力。Shi 等（2020）以中国绿色供应链为研究对象，发现企业和供应商的价值共创可以深化双方的信息共享与合作，提高原材料的供应效率和企业的供应链灵活性，更好地响应环境变化。Ind 等（2017）的研究显示，企业与产业利益相关者价值共创可以提升组织运营的效率。国美与制造商的价值共创带来了高效、低成本及开放的供应链体系，大大提升了国美适应数字化环境的能力。

服务类企业的员工与顾客接触密切，会更加深刻了解顾客需求，及时发现现有产品和服务与顾客需求之间的差异。Cindy 等（2018）发现，在工作中积累的信息为一线员工调整其服务内容、为消费者开发新的产品组合提供支持，会激发一线员工的创新动力。员工价值共创一方面促使员工获得更多顾客信息，刺激员工创新；另一方面促使员工将工作中积累的此类信息及产生的创新想法及时反馈给企业。企业会对获取的这些员工知识进行适当的评估，采取措施支持可行想法的落地。与此同时，员工也会因为企业的支持更加积极地捕捉顾客需求的变化而产生更多更可行的创新。由此良性循环，提升了企业整体的服务创新能力。Santos-Vijande 等（2016）以知识密集型服务企业为研究对象，发现员工价值共创对于企业创新至关重要。王学娟（2020）的研究也显示，员工价值共创对服务创新具有促进作用。海底捞员工愿意与企业进行价值共创，会积极地将自己的创新想法反馈给公司，公司对这些创新想法评估后，会及时支持与肯定，如一个创新提议通过了决议，就会用提议员工的姓名来命名。因此，海底捞的创新能力非常强，它很多的服务创新，如擦皮鞋等，均来源于一线员工。

3.3.4 价值共创、企业能力在商业模式创新与融资可得性之间可能产生的中介作用

服务类企业大多"轻资产、规模小"，难以满足传统金融以抵押、担保为前提的融资方式的要求，且中小企业在财务报告和运营方面的信息披露不够透明，很多信息难以量化，使得借款人和贷款人之间信息不对称。Spence（1973）提出的信号理论指出，信息灵通方可以向信息不灵通的一方发送质量信号，以减少信息不对称。因此，中小企业需要向贷款方展示自身具备的能力，通过这个"信号"得到贷款方的信任，进而解决融资难的问题。

基于利益相关者角度的商业模式通过交易方式创新，满足了利益相关者的需求，促使利益相关者愿意与企业进行资源整合的价值共创。价值共创提升了企业

的市场能力、运营能力和创新能力。本书认为，较强的市场能力意味着企业成长较快、未来发展态势比较乐观，向投资者传递了产品符合市场需求、具有一定的市场份额及未来收益持续增长等积极信号，会为企业带来比较优势，容易得到注重未来收益的资本市场投资者的青睐而获得股权融资。良好的运营能力会提升企业抵抗风险的水平，使得企业的市场表现等指标相对平稳，向投资者传递了企业财务状况稳定的信号，会增强注重稳定性的债权市场投资者收回借款的信心，从而有利于企业获得债权融资。创新项目评估的不确定性增加了债权融资的困难，且创新能力还不足以向股权市场发送确定的投资信号，但是服务创新能力的提升使得企业产品与服务更加贴合顾客需求，降低了市场不确定性带来的风险，会提高企业的盈利水平。盈利水平的提升为企业带来了较为充沛的经营现金流量，促使企业可以通过内源融资的方式获取资金。Ritter等（2004）的研究显示，企业与利益相关者价值共创会提高企业能力，进而对融资可得性产生积极影响。因此，本书提出价值共创、企业能力在商业模式创新与融资可得性之间具有中介作用。

3.3.5 商业模式创新影响融资可得性的整体理论模型

综上所述，本书基于利益相关者角度的商业模式概念，结合数字化和服务企业背景，确定了三个交易主体，分别是顾客、产业利益相关者及员工。在此基础上，分析了数字化时代下利益相关者价值需求的转变，根据交易方式创新需要针对利益相关者需求而做出的调整，结合现有研究文献及爬虫分析的结果，将企业与顾客之间的交易方式创新确定为零距离连接，将企业与产业利益相关者之间的交易方式创新确定为知识共生，将企业与员工之间的交易方式创新确定为授权赋能；然后依据对个体行为解释的自我决定理论、计划行为理论和资源保存理论，分别探讨了零距离连接对顾客价值共创、知识共生对产业利益相关者价值共创及授权赋能对员工价值共创的促进作用。然而，本书提出的交易方式均是基于信任机制，企业可能还需要制度的协助以更好地促进成员间的资源交换。对此，本书依据已有研究，首先根据企业实例提出企业对顾客的奖励制度为参与奖励，与产业利益相关者的合作制度为合作契约，对员工的管理制度为内部控制，并提出交易方式与制度的交互可能对价值共创产生的作用；其次依据企业能力理论和服务主导逻辑对操作性资源进行分类，阐述了顾客价值共创、产业利益相关者价值共

3 商业模式创新对融资可得性影响的理论模型构建

创、员工价值共创对企业能力（市场能力、运营能力、创新能力）产生的不同影响；最后根据企业融资相关的信号理论，提出价值共创、企业能力在商业模式创新与融资可得性之间可能具有的中介作用。因此，本书构建了"交易方式与制度的双重作用—利益相关者价值共创—企业能力—融资可得性"的理论模型，如图3-2所示，接下来将按照该模型从顾客（第4章）、产业利益相关者（第5章）以及员工（第6章）的角度分别深入探讨商业模式交易方式创新对融资可得性的影响机制及边界条件。

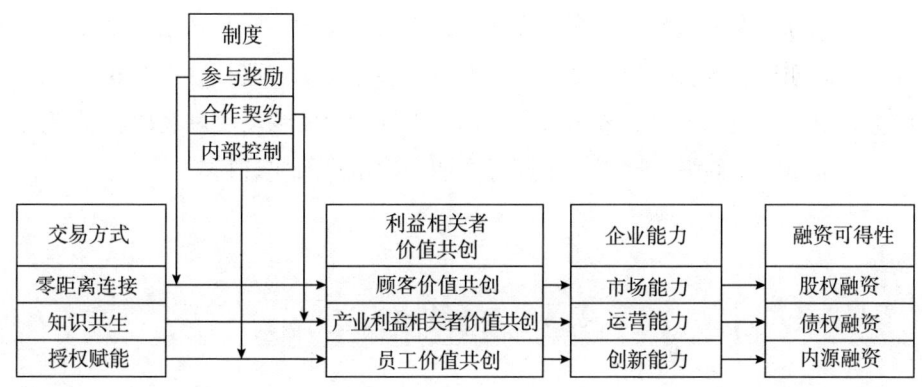

图3-2 整体理论模型

4 零距离连接与股权融资可得性研究

本书在第 3 章将企业与顾客的交易方式创新确定为零距离连接,因此本章在明确零距离连接、顾客价值共创、市场能力、参与奖励、股权融资等相关概念的基础上,研究零距离连接、顾客价值共创、市场能力、参与奖励及股权融资之间的关系,提出相应假设,并以中小服务企业为样本进行实证检验。

4.1 相关概念

4.1.1 零距离连接

商业模式定义了公司如何连接到利益相关者(Sahut 等,2020),企业与顾客的零距离连接是推动价值创造的重要因素(江积海和廖芮,2017)。零距离连接作为一种顾企交易方式,是一种有感情的顾企直接连接,强调顾客、企业之间的无中介、无空间联系,双方可以随时随地进行沟通与互动,会让消费者感知到品牌的温度,获得良好的体验价值。江积海和廖芮(2017)认为,连接包含连接强度和连接频度两个维度,其中连接强度主要包括连接的范围及规模,连接频度是指成员之间连接次数的多少。周晔(2020)指出,连接作为数字化的关键词,它的价值是广度、深度和频度三者的乘积。连接来源于社会网络理论,因此本书认为零距离连接包括连接广度和连接深度两方面。连接广度描述的是网络成员之间的连接范围,本书中的企业与顾客的连接广度包括企业能够利用数字技术广泛连接客户、维系的客户规模很大、企业利用数字技术很容易与新顾客建立关系等。

连接深度是指网络成员之间互动、联系的密切程度，本书的顾企连接深度主要指企业与顾客交流非常频繁、与顾客关系非常亲密等。

4.1.2 顾客价值共创

价值共创是利益相关者通过紧密的合作与资源共享，参与到价值共同创造的过程中，实现价值共创与分享的过程。现有文献对于顾客价值共创的维度认识不一，大致分为单维度和多维度两类。单维度研究认为顾客价值共创只包含一个维度，如Fang等（2008）仅使用顾客参与活动的程度衡量顾客价值共创。而多维度研究则提出顾客价值共创由多个方面构成，如Yi和Gong（2012）提出顾客价值共创包括顾客参与行为和顾客公民行为两个要素。本书认为价值共创具有的多维度性是导致新价值产生的原因，因此依照多维度概念对顾客价值共创进行定义。参考唐方成和蒋沂桐（2018）的研究，本书提出顾客价值共创包括顾客反应行为和顾客公民行为。顾客反应行为是顾客为了满足服务需求与提升服务价值进行的角色内行为，如参与企业新产品的评测、创意征集活动等；顾客公民行为是指顾客主动自愿地为企业更好发展进行的非必要的角色外行为，如在其他平台上与他人谈论、宣传企业的产品和服务等。

4.1.3 市场能力

市场能力是指企业由于能够提供满足消费者需求的产品或服务而快速占领市场、获得市场份额的能力（肖兴志等，2014）。市场能力来源于对消费者需求及偏好的识别与确定。一般通过企业开拓市场资源、建立品牌感知而逐渐积累，是一个将投入转化为销售产出的过程。学者们普遍认为，拥有较高市场能力的企业可以极大地促进产品或服务的销售，加深顾企之间的良好关系，促使企业迅速成长。崔海云和施建军（2016）通过对现有文献进行总结，提出市场能力包含市场控制能力和市场获利能力。市场控制能力体现为可以在一定程度上摆脱市场约束条件的控制；市场获利能力则是企业获取较高市场份额、较高利润率等的能力。本书的市场能力将主要关注企业获取市场份额、快速成长的能力。

4.1.4 参与奖励

大量研究显示，群体合作会出现"搭便车"等现象，企业在面对顾客参与不足的情况下，会倾向于给予顾客参与奖励。参与奖励是一种外在激励，产生激励的因素来源于个体或任务本身之外的外在目标，如获取经济利益等。它强调的是通过给予顾客短期的、经济类的直接回报，激励顾客参与企业的相关活动。经济类的回报是影响顾客价值共创的动因所在（Palma 等，2019）。然而，当无法保证顾客获得公平的参与奖励时，反而会限制或损害顾客的参与行为（范秀成和王静，2014）。

4.1.5 股权融资

股权融资属于外源融资的一种，是企业通过让出部分所有权、引进新股东，而获得资金的方式。股权市场投资者是否会对企业进行股权投资取决于投资者对企业的认可程度及对企业未来发展持有的预期。由于股权市场投资者重点关注获取资本增值的情况，因此他们非常看重企业的成长速度。为了做出正确的决策，投资者会借助企业披露的信息对企业运营状况进行判断。然而中小企业信息披露不够透明，信息不对称程度较高，会严重影响投资者的判断。因此，为了提高资金的可获得性，中小企业需要积极向投资者发送质量信号以增加投资者关注。

4.2 研究假设

4.2.1 零距离连接、顾客价值共创与股权融资

认知心理学的自我决定理论认为，外在情境因素会对自我意识产生影响，进而影响个体行为，因此本书将根据自我决定理论讨论零距离连接对顾客价值共创的影响。自我决定理论认为，当人类满足自主需要、关联需要和胜任需要时，个体才能被驱使产生积极的行为，它们是个体自我发展的基础（Ryan 和 Deci，2000）。

当企业与顾客建立零距离连接时，表明企业与顾客的互动非常频繁。频繁的互动赋予顾客对企业信息流的控制，他们不是被动地接受企业安排的既定信息，而是可以根据自身认知对信息进行提取、加工和整合（江积海和廖芮，2017）。顾客对信息的控制促使其可依照自我意愿对企业的品牌、产品等发表建议或意见，而企业会对顾客意见进行收集并根据顾客意见对品牌、产品等进行优化、开发新产品，顾

客看到自己的意见被重视，会产生较高的胜任感知，胜任需要获得满足，因而态度更加积极，将会更愿意进行价值共创。零距离连接也使得顾客与企业及其他消费者产生更多交集，密切的交集将顾客与企业、顾客与顾客有机整合为一个群体，而个体天生期望与他人及周围社会成为整体，因此顾客会认为其归属于该群体。顾客会为了获得及保持更有建设性的关系，以满足自身关联需要，而更加主动参与企业发起的各类活动，为其他成员解决问题，向其他成员咨询等，表现为更加积极的价值共创。另外，企业为了与顾客持续保持零距离连接，会开展丰富多彩的活动吸引他们的注意力，而在互联网时代成长起来的消费者非常渴望乐趣，他们会为了满足自主享乐需要，主动参与企业活动。顾客从企业活动中获得了乐趣，作为回报，他们会积极与企业及其他消费者分享对产品的感受、建议等，进行价值共创。企业与顾客的零距离连接关系满足了顾客的胜任需要、关联需要和自主需要，因而促使顾客产生积极的价值共创行为。已有研究表明，顾客获得的自我肯定感、社会整合、享乐收益等，会极大地影响他们参与价值共创的积极性。

然而，过度连接却有可能因为增加顾客的社交负担和维护成本而降低顾客参与价值共创的积极性。当企业与顾客连接过于密切时，会对顾客的正常决策产生不利影响，如在面对企业正常的活动推荐时，顾客可能对该活动并无兴趣、不想参加，但却碍于与企业人员已形成的亲密关系，从而做出情感类的非理性选择。长此以往，会让顾客产生社交负担，顾客会认为自身付出超过了从企业活动中获取的收益，进而选择逃离，不再与企业价值共创。同时，个体在虚拟空间活动会打造一个符合自身期望的人设，即与自身实际情况可能存在一些差距，需要个体花费一些时间、精力等成本予以维护。过度连接意味着顾企之间、顾客与顾客之间有着非常频繁的互动与交流，会极大增加顾客打造的人设的曝光频率，需要顾客花费更多的维护成本，而维护成本的增加可能超出了顾客的承受能力，破坏了其基于自身兴趣的自主需要进行活动的积极性，顾客会认为自身时间被严重挤压，进而选择退出企业活动。

根据以上讨论，本书提出如下假设：

H1：零距离连接对顾客价值共创有倒 U 形影响。

即零距离连接存在一个拐点，当未超过拐点时，零距离连接对顾客价值共创有促进作用，超过拐点后，零距离连接对顾客价值共创会产生负面影响。

零距离连接未超过拐点时，对于顾客价值共创的促进作用使得顾客与企业的双向互动程度较高,意味着顾客的投入与参与很多,会增强顾客对企业品牌的喜爱与信任,而新生代顾客喜欢在社交平台上进行信息分享,他们为企业树立的正面形象能够借助网络技术迅速传播,帮助企业建立良好口碑,扩大影响力,进而提升品牌价值。数字化时代,资本的兴趣已从渠道转到品牌,有价值的品牌会作为信号帮助企业获得股权融资。Nigamde等(2020)也提出成功与消费者建立关系的公司构建了成功的品牌形象,会引起风险投资的关注,从而增加获得资金的可能性。另外,目前关于企业价值评估的方法除了传统的关注盈利、现金流等,也增加了关注活跃用户数量的方法,说明资本对于活跃用户群体的看重,如梅特卡夫估值法,该方法认为活跃用户数量的增加会带来网络价值的指数级增长,形成网络效应。顾客的价值共创表明企业拥有了较为活跃的顾客群体,这些顾客群体是企业的重要财富,他们的分享行为会为企业带来更多的用户,形成网络效应,不但能帮助企业布局的生态产品更快发展,增加获利的可能性,还会提升企业估值水平,因而更容易获得股权投资者的关注,提升企业股权融资可得性。

根据以上讨论,本书提出如下假设:

H2:当零距离连接对顾客价值共创具有正向影响时,顾客价值共创在零距离连接与股权融资之间起中介作用。

4.2.2 零距离连接、市场能力与股权融资

零距离连接使企业与顾客之间是直接联系关系,企业更容易加深对顾客的了解,进而获得顾客消费、产品使用等市场数据。市场数据是企业进行产品与服务更新改进的重要输入。对获取的市场数据进行分析,可以降低市场信息不确定性对企业产品开发、服务优化等的不利影响。企业不一定立即就要运用这些数据,但当企业有需要时,由于一直以来的信息数据沉淀,企业不再需要寻找数据,而是借助数字化工具对其进行分析,将分析后的有价值的信息直接转移到企业内部,企业可以根据分析结果判断顾客可能期望的产品、服务等的改进方向。相较于以往借助第三方调研或是通过渠道商等途径获取的数据,零距离连接保证企业获得的市场数据更加真实、可靠及具有时效性,促使企业不但缩短和降低了新产品开发的周期与成本,还能保证企业在提升产品和服务时更加契合顾客需求。而更加契合顾客需求的产品和服务会促使企业在动态环境下依然能够扩大销售收入,快速成长,提升市场份额。已有研究也表明顾企之间的零距离连接增加了企

业获取市场数据的机会,连接程度与企业的市场增长速度正相关(杨德祥等,2017;Hansen,1995)。Heikkilä等(2018)也支持关注顾客关系的商业模式会带来企业销售收入的增加,提升企业市场能力。

根据以上讨论,本书提出如下假设:

H3:零距离连接对企业市场能力具有正向影响。

如果企业具有较强的市场能力,则意味着企业成长较快,未来发展态势比较乐观。根据信号理论,市场能力强的企业向投资者传递了产品符合市场需求、具有一定的市场份额及未来收益持续增长等积极信号,会得到注重未来回报的股权市场投资者的青睐,进而容易获得股权融资。另外,较强的市场能力也表明企业与顾客之间的关系质量较高,反映了企业的产品和服务、企业的经营理念等均得到了市场与顾客的肯定。这在某种程度上向潜在投资者传递了企业管理与发展方面的正向积极信号,会让投资者认为企业具有竞争力,更容易得到股权市场投资者的肯定,进而促使股权市场投资者愿意为企业提供资金支持。刘超等(2019)的研究也显示企业的市场能力与股权融资可得性成正比。

根据以上讨论,本书提出如下假设:

H4:市场能力在零距离连接与股权融资之间起中介作用。

4.2.3 零距离连接、顾客价值共创、市场能力与股权融资

企业与顾客适当的零距离连接关系表明企业与顾客有着合适的交流与亲密的联系,可以促使顾客积极参与价值共创,与企业进行信息、知识等的共享,帮助企业获得自身不具备及成本更低的操作性资源。根据服务主导逻辑,顾客拥有的操作性资源是企业获得竞争优势的根本资源。因此,操作性资源会帮助企业及时抓住市场机遇,快速占领市场,提升企业市场能力。同时,顾客价值共创不但使得企业能够更加深入了解顾客需求,优先接触到与市场紧密联系的相关信息,还能促使顾企合作,共同开发出完全贴合顾客需求的产品和服务。完全贴合顾客需求的产品和服务会为企业带来增长的市场份额。另外,顾客价值共创也促进了参与主体之间的信任,提升了顾客的满意度与黏性,参与顾客不但自身会持续消费企业产品和服务,直接为企业贡献收益,还会与他人进行分享、向他人推荐,社交媒体上的良好口碑会间接帮助企业扩大顾客群体和收入规模,促使企业市场能力更快提升。而拥有较强市场能力的企业在盈利及未来发展指标方面均具有良好

的表现，企业未来收益及市场潜力较为可观，更容易获得股权投资者的认可，进而利于企业获得股权融资。

根据以上讨论，本书提出如下假设：

H5：顾客价值共创和市场能力在适度零距离连接与股权融资之间起链式中介作用。

4.2.4 参与奖励对零距离连接与顾客价值共创关系的调节

根据自我决定理论，个体行为会受到动机的影响。动机包括内在动机和外在动机，当个体能从某行为中获得内在意愿的满足感时，形成内在动机，内在动机使得个体自发、主动投入精力，会愿意进行更多的角色外活动；当个体进行某活动是为了满足外部要求，如获得经济利益时，会产生外在动机，外在动机对有规则的角色内活动具有重要影响。参与奖励强调的是短期、物质交换，给予顾客的是经济类的直接回报，而满足经济利益的动机属于外在动机，因此会带来个体的角色内行为。顾客会为了追求自身的最大利益，参与企业发起的产品创意征集或性能测试等活动，进行角色内行为，这些行为容易量化，能够保证顾客参与奖励的获得。顾客可能不太愿意为了企业更快发展，去进行主动宣传、推广企业品牌和产品的角色外行为，因为这些角色外行为不够具体，不好评价，无法保证顾客获得公平的参与奖励。Ryan 和 Deci（2000）也认为，外在经济激励限制了个体参与的内在动机，是对个体行为的控制，会削弱人们的角色外行为。然而，角色外行为是本书强调的顾客价值共创的重要内容，缺少角色外行为导致价值共创程度降低。另外，外在动机由于不是发自个体内心的兴趣与热情，使得个体与组织的联系不够紧密。参与奖励侧重的是短期、经济类的回报，要求顾客要达到企业设定的绩效目标才能获得相应的奖励，参与的顾客会非常注重付出与回报是否对等、企业的认定是否公平。一旦企业的奖励让顾客认为回报低于付出，或者企业的奖励规则有失偏颇，由于并没有与企业融为一体，顾客很可能就会退出与企业的联系关系，不再共同创造价值。Chan（2020）的研究显示，参与奖励使得个体以短期绩效为目标，会减少他们对企业的情感，导致顾客的退出和忽视行为，不利于价值共创。因此，即使顾客与企业之间适度的零距离连接关系能为顾客带来心理满足感，但是由于受到参与奖励的负面影响，会减弱顾客价值共创的积极性。而当过度的零距离连接对顾客价值共创有抵制作用时，企业加大的参与奖励会让顾客感觉到付出的成本有所补偿，会促使顾客参与企业活动，反而减缓了过度的零距离连接对顾客价值共创的负面影响。

根据以上讨论，本书提出如下假设：

H6：参与奖励在零距离连接与顾客价值共创之间起负向调节作用。

4.2.5 参与奖励对零距离连接、顾客价值共创与股权融资关系的中介调节

适度的零距离连接对于顾客价值共创的促进效应会由于参与奖励的加大而降低，而降低的顾客价值共创会随之减弱对股权融资的正向影响。这是因为企业采用参与奖励会带来顾客的角色外行为和退出行为，使得顾客与企业进行价值共创的意愿降低，从而削弱了顾客对企业品牌的喜爱、投入与信任。数字化时代，环境变化剧烈，不确定性是常态，缺少与顾客的价值共创会导致企业风险加大、扩张速度减缓、利益获取能力降低。企业如果不能借助顾客力量创造新价值，品牌价值可能就会受损，会直接影响股权市场投资者的信心，使得企业在股权资本市场上的机会变少，股权融资可得性降低。

根据以上讨论，本书提出如下假设：

H7：参与奖励负向调节顾客价值共创在适度零距离连接与股权融资之间的中介作用。

至此，本书构建了一个有调节的链式中介模型，探寻顾企之间的零距离连接对于企业股权融资的影响路径及条件。具体研究模型如图4-1所示。

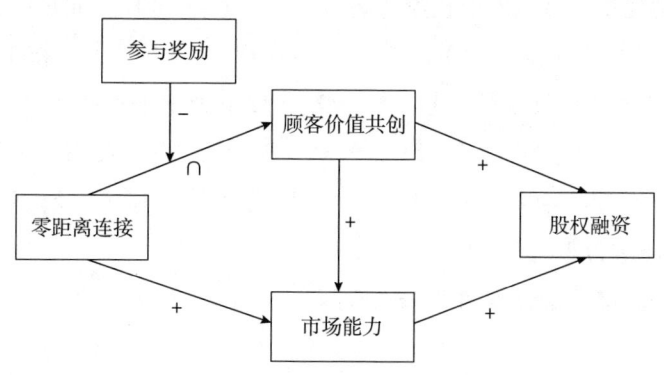

图4-1 顾客角度的研究模型

4.3 研究设计

4.3.1 变量测量

本书根据已有研究成果对各变量进行测量。除控制变量外，本书对所有的测量题项均采用李克特5点计分法进行测度，其中1表示"完全不同意"，5表示"完全同意"。

对于零距离连接（*ZDC*），参照江积海和李琴（2016）、李锐等（2020）的研究，包含6个测量题项；对于顾客价值共创（*CVC*），参照唐方成和蒋沂桐（2018）、Yi和Gong（2013）的研究，包含5个测量题项；对于市场能力（*MC*），参照Humphrey和Schmitz（2000）、崔海云和施建军（2016）的研究，包含4个测量题项；对于股权融资（*EF*），可以用企业当期获得的股权融资金额数据直接测量，但本书调研的企业大多是非上市公司，此类数据一般保密，因此本书参照项国鹏等（2019）、Song等（2019）的研究运用自我感知的股权融资获得情况进行替代测量，包含6个测量题项；对于参与奖励（*PR*），参照Jang（2008）、赵晓煜和孙福权（2013）的研究，包含3个测量题项。

对于控制变量，参照周中胜等（2015）、卢强等（2019）的研究，对企业规模（*ES*）、企业成立年限（*EY*）及产权性质（*PN*）进行控制。根据国家工信部中小企业司2011版的标准，从业人员1000人以下为中小企业。因此具体的测度为：1~20人=1，21~50人=2，51~100人=3，101~500人=4，501~1000人=5；<1年=1，1~4年=2，5~7年=3，8~15年=4，>15年=5；产权性质为国有=1，产权性质为非国有=2。

各变量的具体测量题项如表4-1所示。

表 4-1　各变量的测量量表

变量	测量题项	文献来源
零距离连接	我们公司利用数字技术广泛连接客户，维系的客户规模大	江积海和李琴（2016）；李锐等（2020）
	我们公司很容易与新顾客建立关系	
	我们公司与顾客交流的范围非常广	
	我们公司与顾客的关系非常稳定	
	我们公司与顾客交流非常频繁	
	我们公司与顾客关系非常亲密	
顾客价值共创	顾客经常参与我们的新产品评测活动	唐方成和蒋沂桐（2018）；Yi 和 Gong（2013）
	顾客经常参与我们的新产品推广活动	
	顾客经常参与我们的新产品创意征集活动	
	根据我们的了解，顾客会在生活中与亲友讨论我们的产品	
	根据我们的了解，顾客会在其他平台上与他人谈论我们的产品	
市场能力	与竞争对手相比，我们公司的销售额增长很快	Humphrey 和 Schmitz（2000）、崔海云和施建军（2016）
	与竞争对手相比，我们公司的市场份额增长很快	
	我们公司的销售利润率提高较快	
	我们公司拥有较难模仿的差异化产品或服务	
股权融资	我们公司的股权融资满足程度高	项国鹏等（2019）、Song 等（2019）
	与行业相比，我们公司的股权融资满足程度高	
	与融资目标相比，我们公司的股权融资满足程度高	
	我们公司股权融资能力强	
	与行业相比，我们公司股权融资能力强	
	我们公司股权融资的成功率较高	
参与奖励	顾客参与企业活动会得到褒奖	Jang（2008）；赵晓煜和孙福权（2013）
	我们公司会对顾客的参与行为提供一定的符号奖励（如会员升级、特殊的成员身份等）	
	我们公司会对顾客的参与行为提供一定的物质奖励（如奖金、对购买产品的成员给予一定的折扣等）	
控制变量	企业规模	周中胜等（2015）；卢强等（2019）
	企业成立年限	
	产权性质	

4.3.2 检验模型

本书构建如下 4 个数学模型,模型(1)、模型(2)用来检验零距离连接对顾客价值共创的影响作用,即假设 H1;模型(3)、模型(4)用来检验参与奖励对零距离连接与顾客价值共创关系之间的调节作用,即假设 H6。假设 H2、假设 H3、假设 H4、假设 H5 和假设 H7 运用 Bootstrap 抽样检验方法进行检验,未构建数学模型。

$$CVC = \alpha_0 + \alpha_1 ES + \alpha_2 EY + \alpha_3 PN + \alpha_4 ZDC + \varepsilon \tag{1}$$

$$CVC = \beta_0 + \beta_1 ES + \beta_2 EY + \beta_3 PN + \beta_4 ZDC + \beta_5 ZDC^2 + \theta \tag{2}$$

$$CVC = \gamma_0 + \gamma_1 ES + \gamma_2 EY + \gamma_3 PN + \gamma_4 ZDC + \gamma_5 PR + \gamma_6 ZDC \times PR + \lambda \tag{3}$$

$$CVC = \kappa_0 + \kappa_1 ES + \kappa_2 EY + \kappa_3 PN + \kappa_4 ZDC^2 + \kappa_5 PR + \kappa_6 ZDC^2 \times PR + \mu \tag{4}$$

4.3.3 预调研

为了保证量表更加贴合本书的研究背景,在正式调研前笔者进行了预调研。预调研发放问卷 120 份,有效问卷 83 份,有效问卷回收率 69.17%。运用 SPSS25.0 对初始量表进行信度和效度检验,发现各构念的信度和效度均比较理想。由此按照已确定量表进行正式调研。

4.3.4 研究样本与数据采集

选择注重商业模式创新的中小服务企业进行调研,通过个人关系向调研企业的管理层线上推送电子问卷,在推送问卷的同时,详细解释相关概念,如股权融资的含义,并留有联系方式以备填写者存在问题时及时沟通。数据的收集从 2020 年 9 月持续至 2020 年 12 月,共计收回 500 份问卷,剔除无效问卷后,剩余有效问卷 313 份,有效问卷回收率 62.6%。样本企业的特征如表 4-2 所示。根据回收的有效问卷,国有企业占比 53.02%,非国有企业占比 46.98%;调研企业的规模集中于 21~500 人,21~50 人的企业占比 20.05%,51~100 人的占比 40.38%,101~500 人的占比 21.43%;成立年限以 1~7 年为主,1~4 年的占比 33.52%,5~7 年的占比 34.89%。调查的样本企业分布在陕西、河北、山西、广东、上海、广西等 11 个省市。总体来说,样本符合本书的要求。

表 4-2 样本特征

类别	特征	样本数	占比（%）	类别	特征	样本数	占比（%）
企业规模	1~20 人	34	10.71	产权性质	国有	166	53.02
	21~50 人	63	20.05		非国有	147	46.98
	51~100 人	126	40.38	来源地	陕西	50	15.93
	101~500 人	67	21.43		河北	48	15.38
	501~1000 人	23	7.42		山西	39	12.36
企业成立年限	<1 年	22	6.87		广东	32	10.16
	1~4 年	105	33.52		上海	28	9.07
	5~7 年	109	34.89		广西	25	7.97
	8~15 年	52	16.48		河南	22	7.14
	>15 年	26	8.24		其他	69	21.99

4.3.5 共同方法偏差和信度、效度检验

4.3.5.1 共同方法偏差

本书的调查问卷是由服务企业的管理层填写，可能存在同源数据的共同方法偏差问题，本书选择 Harman 单因子对此进行检验。对所有变量的测量题项进行主成分分析，旋转后的第一个公因子解释的方差比例为 29.985%（小于 50%），说明研究结果不会受到同源数据的显著影响。

4.3.5.2 信度、效度检验

本书运用 SPSS25.0 和 AMOS17.0 对量表进行信度和效度检验。如表 4-3 所示，各变量的 Cronbach'α 系数和 CR 值均大于 0.6 的可接受门槛，说明量表具有良好的内部一致性，信度较高。各变量的 KMO 值均大于 0.6，巴特利特球形检验的 p 值为 0，说明各题项的内容可以提取出大部分信息。对量表整体进行 KMO 检验和巴特利特球形检验，KMO 值为 0.890，大于 0.6，巴特利特球形检验的 p 值为 0，表明问卷具有结构效度，可以进行因子分析。在此基础上，运用 AMOS17.0 进行验证性因子分析，如表 4-3 所示，各变量测量题项的因子载荷系数均大于 0.5，且在 p 值为 0 的条件下具有统计显著性，表明量表具有聚合效度。表 4-4 的各变量相关系数显示，所有变量的 AVE 的平方根均大于其与其他变量的相关系数，表明度量具有区别效度。因此，综合来看本书采用的量表具有较好的信度和效度。

表4-3 量表的信度和效度检验

变量	测量题项	因子载荷	Cronbach'α系数	KMO	CR
零距离连接（ZDC）	ZDC1	0.641***	0.736	0.777	0.733
	ZDC2	0.567***			
	ZDC3	0.588***			
	ZDC4	0.505***			
	ZDC5	0.506***			
	ZDC6	0.563***			
顾客价值共创（CVC）	CVC1	0.616***	0.710	0.781	0.710
	CVC2	0.629***			
	CVC3	0.507***			
	CVC4	0.553***			
	CVC5	0.563***			
市场能力（MC）	MC1	0.774***	0.682	0.730	0.690
	MC2	0.564***			
	MC3	0.511***			
	MC4	0.506***			
股权融资（EF）	EF1	0.682***	0.804	0.805	0.805
	EF2	0.571***			
	EF3	0.616***			
	EF4	0.705***			
	EF5	0.651***			
	EF6	0.600***			
参与奖励（PR）	PR1	0.634***	0.629	0.609	0.634
	PR2	0.580***			
	PR3	0.599***			

注：***表示 p<0.001。

表4-4 Pearson相关与AVE平方根值

	1	2	3	4	5
1 零距离连接	**0.563**				
2 顾客价值共创	0.495	**0.576**			
3 市场能力	0.474	0.467	**0.612**		

续表

	1	2	3	4	5
4 股权融资	0.518	0.522	0.562	**0.641**	
5 参与奖励	0.488	0.511	0.484	0.520	**0.606**

注：对角线上方为平均变异量抽取值的平方根；对角线下方为变量间相关系数。

4.4 实证结果与分析

4.4.1 描述性统计与相关分析

利用 SPSS25.0 进行描述性统计和相关性分析。各变量的均值、标准差和相关系数如表 4-5 所示。Pearson 相关系数显示，零距离连接、顾客价值共创、市场能力、股权融资与参与奖励之间均具有显著的相关关系，且变量之间的关系与本部分研究的假设基本一致，为后续检验提供了基本支持。接下来将通过层次回归模型和 Bootstrap 抽样做进一步检验。

表 4-5 各变量的均值、标准差和相关系数

	平均值	标准差	1	2	3	4	5	6	7	8
1 企业规模	3.000	1.201	1							
2 企业成立年限	2.923	1.071	0.471***	1						
3 产权性质	1.476	0.500	0.075	0.026	1					
4 零距离连接	3.819	0.634	0.091	0.264***	0.060	1				
5 顾客价值共创	3.707	0.660	0.050	0.146**	0.077	0.495***	1			
6 市场能力	3.764	0.700	0.125*	0.194**	0.009	0.474***	0.467***	1		
7 股权融资	3.740	0.700	0.201***	0.264***	0.010	0.518***	0.522***	0.562***	1	
8 参与奖励	3.832	0.728	0.057	0.120*	0.106	0.488***	0.511***	0.484***	0.520***	1

注：* 表示 $p<0.05$，** 表示 $p<0.01$，*** 表示 $p<0.001$。

4.4.2 假设检验

本书选用层次回归和 Bootstrap 抽样检验方法进行假设检验。中介效应各模型的方差膨胀因子（VIF）在 1.037~1.585，调节效应的 VIF 在 1.037~1.702，VIF 均小于 10，意味着不存在多重共线性问题，研究结果可靠。

4.4.2.1 零距离连接对顾客价值共创的影响检验

为了避免零距离连接与零距离连接平方项相关性过高产生共线性问题，本书将零距离连接进行中心化处理，再用层次回归方法进行倒 U 形关系检验。表 4-6 的模型 2 显示零距离连接显著正向影响顾客价值共创（β=0.508，p<0.01），模型 3 显示在加入零距离连接平方项后，零距离连接显著正向影响顾客价值共创（β=0.573，p<0.01），零距离连接平方项显著负向影响顾客价值共创（β=-0.073，p<0.1），一次项系数为正，二次项系数显著为负，说明是倒 U 形关系，因此假设 H1 得到证实。

表 4-6 零距离连接对顾客价值共创的影响检验

	模型 1	模型 2	模型 3
企业规模	-0.016 (-0.466)	-0.004 (-0.116)	-0.006 (-0.206)
企业成立年限	0.097** (2.482)	0.012 (0.328)	0.019 (0.528)
产权性质	0.099 (1.329)	0.063 (0.959)	0.055 (0.847)
零距离连接		0.508*** (9.500)	0.573*** (8.882)
零距离连接^2			-0.073* (-1.789)
R^2	0.027	0.248	0.255
调整后的 R^2	0.018	0.238	0.243
F 值	2.886**	25.354***	21.068***
ΔR^2	0.027	0.220	0.008
ΔF 值	2.886**	90.257***	3.199*

注：* 表示 p<0.1，** 表示 p<0.05，*** 表示 p<0.01，括号里面的数据为 t 值。

4.4.2.2 顾客价值共创、市场能力的作用检验

根据表4-6的模型2，本书的零距离连接一阶数据正向影响顾客价值共创，表明零距离连接对顾客价值共创具有促进效应。因此，本书将在该促进效应下利用零距离连接的一阶数据讨论顾客价值共创在零距离连接与股权融资间的中介作用。该部分使用Bootstrap抽样检验方法进行假设检验，抽样次数为5000次，置信水平95%，结果如表4-7所示：零距离连接显著正向影响市场能力（$\beta=0.339$，$SE=0.062$，$p<0.001$），假设H3得到验证。针对"零距离连接⇒顾客价值共创⇒股权融资"这条中介路径，95%置信区间并不包括数字0（95%CI：0.111~0.259），说明此条中介效应路径存在。针对"零距离连接⇒市场能力⇒股权融资"这条中介路径，95%置信区间并不包括数字0（95%CI：0.017~0.090），说明此条中介效应路径存在。针对"零距离连接⇒顾客价值共创⇒市场能力⇒股权融资"这条中介路径，95%置信区间并不包括数字0（95%CI：0.007~0.050），说明此条链式中介效应路径存在。因此，假设H2、H4和H5得到验证。

表4-7 零距离连接与顾客价值共创、市场能力、股权融资关系检验

路径	Effect	SE	BootLLCI	BootULCI
零距离连接⇒市场能力	0.339***	0.062	0.218	0.461
零距离连接⇒顾客价值共创⇒股权融资	0.137	0.038	0.111	0.259
零距离连接⇒市场能力⇒股权融资	0.107	0.019	0.017	0.090
零距离连接⇒顾客价值共创⇒市场能力⇒股权融资	0.052	0.011	0.007	0.050

注：BootLLCI指Bootstrap抽样95%置信区间下限，BootULCI指Bootstrap抽样95%置信区间上限，下表同。

4.4.2.3 参与奖励的调节效应检验

为了避免自变量与交互变量相关性过高产生共线性问题，本书将零距离连接和参与奖励进行中心化处理，然后生成零距离连接×参与奖励、零距离连接平方项×参与奖励的交互变量。表4-8的模型3显示，当把零距离连接、参与奖励、零距离连接与参与奖励的交互变量全部放入回归方程时，零距离连接与参与奖励的交互变量负向影响顾客价值共创（$\beta=-0.180$，$p<0.001$）。模型6显示，当把

零距离连接平方项、参与奖励、零距离连接平方项与参与奖励的交互变量全部放入回归方程时,零距离连接平方项与参与奖励的交互变量负向影响顾客价值共创($\beta=-0.070$,$p<0.001$)。因此,参与奖励在零距离连接、零距离连接平方项与顾客价值共创的关系中均具有负向调节效应,假设 H6 得到证实。

表 4-8 参与奖励调节效应检验(因变量:顾客价值共创)

	模型 1	模型 2	模型 3	模型 4	模型 5	模型 6
企业规模	-0.016 (-0.466)	-0.004 (-0.116)	-0.007 (-0.230)	-0.008 (-0.244)	-0.010 (-0.325)	-0.004 (-0.127)
企业成立年限	0.097* (2.482)	0.012 (0.328)	0.015 (0.463)	0.065 (1.630)	0.043 (1.225)	0.041 (1.184)
产权性质	0.099 (1.329)	0.063 (0.959)	0.027 (0.443)	0.104 (1.422)	0.036 (0.561)	0.014 (0.224)
零距离连接		0.508*** (9.500)	0.330*** (5.792)			
零距离连接^2				0.132*** (3.484)	0.076* (2.254)	0.020 (0.551)
参与奖励		0.319*** (6.596)	0.287*** (6.066)		0.434*** (9.623)	0.362*** (7.362)
零距离连接×参与奖励			-0.180*** (-4.473)			
零距离连接^2×参与奖励						-0.070*** (-3.398)
R^2	0.027	0.248	0.341	0.027	0.064	0.281
调整后的 R^2	0.018	0.238	0.33	0.018	0.052	0.269
F 值	2.886*	25.354***	31.785***	2.886*	5.277***	23.997***
ΔR^2	0.027	0.220	0.093	0.027	0.037	0.217
ΔF 值	2.886*	90.257***	43.510***	2.886*	12.137***	92.602***

注:* 表示 $p<0.05$,** 表示 $p<0.01$,*** 表示 $p<0.001$,括号里面的数据为 t 值,下表同。

为了更直观地展示参与奖励对零距离连接与顾客价值共创关系的调节作用,本书绘制了参与奖励的调节效应图,如图 4-2 所示。相比于低参与奖励,高参与奖励下零距离连接对顾客价值共创的倒 U 形影响变得更为平缓，说明参与奖励在零距离连接对顾客价值共创的非线性影响中起到负向调节作用。

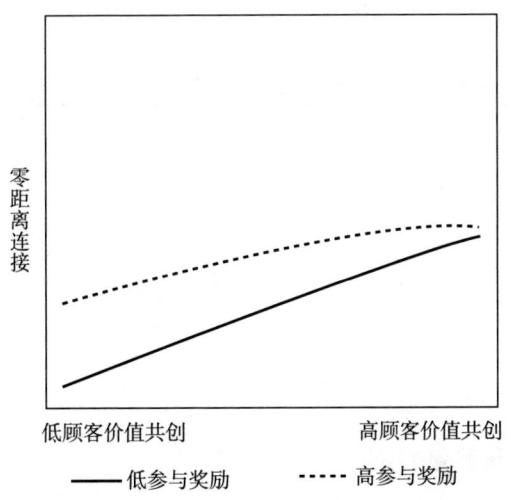

图 4-2　参与奖励在零距离连接与顾客价值共创关系间的调节作用

4.4.2.4　参与奖励的调节中介效应检验

本书的零距离连接一阶数据正向影响顾客价值共创，表明零距离连接对顾客价值共创具有促进效应。因此，本书在该促进效应下利用零距离连接的一阶数据验证假设 H7，即参与奖励负向调节顾客价值共创在适度零距离连接与股权融资之间的中介作用。使用 Bootstrap 抽样检验方法进行调节中介效应检验，即分析调节变量"参与奖励"在不同水平时，对零距离连接、顾客价值共创与股权融资中介效应的影响情况，结果如表 4-9 所示：在参与奖励取平均水平（3.832）时，95% 置信区间并不包括数字 0（95% CI：0.033~0.248），说明在平均水平下，零距离连接对股权融资影响时顾客价值共创起中介作用。在参与奖励取低水平（3.104）时，95% 置信区间并不包括数字 0（95% CI：0.066~0.305），说明在低水平下，零距离连接对股权融资影响时顾客价值共创也起中介作用。但当参与奖励取高水平（4.560）时，95% 置信区间包括数字 0（95% CI：-0.019~0.212），说明在高水平下，顾客价值共创未对零距离连接与股权融资的关系起到中介作用。综合可知，在参与奖励取不同水平时，顾客价值共创的中介效应表现并不一致，说明参与奖励的调节中介作用存在。因此，假设 H7 得到证实。

表 4-9　参与奖励调节中介效应检验（因变量：股权融资）

中介变量	水平	水平值	Effect	BootSE	BootLLCI	BootULCI
顾客价值共创	低水平（-1SD）	3.104	0.158	0.061	0.066	0.305
	平均值	3.832	0.109	0.055	0.033	0.248
	高水平（1SD）	4.560	0.060	0.059	-0.019	0.212

4.5　稳健性检验

4.5.1　替换变量测量方法

对零距离连接采用谢雅萍和黄美娇（2014）的研究进行重新测量，再次检验本章提出的假设。量表的测量题项包括"我们公司与顾客间总体亲密程度非常高""我们公司与顾客间互动频率非常高""我们公司与顾客间互动程度非常深入"3个问题，Cronbach'α系数为0.739，大于0.6的可接受水平，KMO值为0.775，巴特利特球形检验的p值为0，表明量表具有良好的信度与效度。

表4-10的模型2显示，零距离连接显著正向影响顾客价值共创（$\beta=0.526$，$p<0.001$）。模型3显示，在加入零距离连接平方项后，零距离连接显著正向影响顾客价值共创（$\beta=0.605$，$p<0.001$），零距离连接平方项显著负向影响顾客价值共创（$\beta=-0.088$，$p<0.05$），因此假设H1再次得到证实。

表 4-10　零距离连接对顾客价值共创的影响检验

	模型1	模型2	模型3
企业规模	-0.010 (-0.288)	0.004 (0.152)	0.001 (0.044)
企业成立年限	0.133 (1.847)	0.094 (1.523)	0.084 (1.362)
产权性质	0.106** (2.788)	0.016 (0.484)	0.025 (0.747)

续表

	模型1	模型2	模型3
零距离连接		0.526*** (10.515)	0.605*** (10.080)
零距离连接^2			-0.088* (-2.330)
R^2	0.042	0.304	0.316
调整后的R^2	0.032	0.294	0.305
F值	4.275**	32.038***	27.102***
ΔR^2	0.042	0.262	0.013
ΔF值	4.275**	110.563***	5.429*

注：*表示$p<0.05$，**表示$p<0.01$，***表示$p<0.001$，括号里面的数据为t值，下表同。

该部分利用零距离连接的一阶数据进行假设验证。如表4-11所示，零距离连接显著正向影响市场能力（$\beta=0.345$，$SE=0.064$，$p<0.001$），假设H3再次得到验证。针对"零距离连接⇒顾客价值共创⇒股权融资"这条中介路径，95%置信区间并不包括数字0（95%CI：0.070~0.160），说明此条中介效应路径存在。针对"零距离连接⇒市场能力⇒股权融资"这条中介路径，95%置信区间并不包括数字0（95%CI：0.033~0.186），说明此条中介效应路径存在。针对"零距离连接⇒顾客价值共创⇒市场能力⇒股权融资"这条中介路径，95%置信区间并不包括数字0（95%CI：0.010~0.106），说明此条链式中介效应路径存在。因此，假设H2、H4和H5再次得到验证。

表4-11　零距离连接与顾客价值共创、市场能力、股权融资关系检验

路径	Effect	SE	BootLLCI	BootULCI
零距离连接⇒市场能力	0.345***	0.064	0.220	0.471
零距离连接⇒顾客价值共创⇒股权融资	0.133	0.023	0.070	0.160
零距离连接⇒市场能力⇒股权融资	0.095	0.040	0.033	0.186
零距离连接⇒顾客价值共创⇒市场能力⇒股权融资	0.043	0.025	0.010	0.106

表4-12的模型3显示，当把零距离连接、参与奖励、零距离连接与参与奖励的交互变量全部放入回归方程时，零距离连接与参与奖励的交互变量负向影响

顾客价值共创（β=-0.193，p<0.001）。模型 6 显示，当把零距离连接平方项、参与奖励、零距离连接平方项与参与奖励的交互变量全部放入回归方程时，零距离连接平方项与参与奖励的交互变量负向影响顾客价值共创（β=-0.077，p<0.001），假设 H6 再次得到证实。

表 4-12 参与奖励调节效应检验（因变量：顾客价值共创）

	模型 1	模型 2	模型 3	模型 4	模型 5	模型 6
企业规模	0.004 (0.152)	0.002 (0.060)	0.008 (0.318)	-0.002 (-0.069)	-0.004 (-0.121)	0.003 (0.112)
企业成立年限	0.016 (0.484)	0.023 (0.708)	0.005 (0.153)	0.140* (1.971)	0.061 (0.961)	0.039 (0.623)
产权性质	0.094 (1.523)	0.057 (0.952)	0.041 (0.713)	0.075 (1.937)	0.059 (1.721)	0.056 (1.678)
零距离连接	0.526*** (10.515)	0.379*** (6.877)	0.342*** (6.397)			
零距离连接^2				0.126*** (3.459)	0.072* (2.186)	0.011 (0.294)
参与奖励		0.263*** (5.389)	0.225*** (4.745)		0.411*** (8.923)	0.325*** (6.468)
零距离连接×参与奖励			-0.193*** (-5.074)			
零距离连接^2×参与奖励						-0.077*** (-3.850)
R^2	0.304	0.366	0.418	0.079	0.276	0.311
调整后的 R^2	0.294	0.356	0.406	0.067	0.264	0.297
F 值	32.038***	33.883***	34.910***	6.316***	22.328***	21.954***
ΔR^2	0.304	0.063	0.051	0.079	0.197	0.035
ΔF 值	32.038***	29.040***	25.742***	6.316***	79.620***	14.821***

该部分利用零距离连接的一阶数据进行假设验证。如表 4-13 所示：在参与奖励取平均水平时，95%置信区间并不包括数字 0（95%CI：0.032~0.261），说明在平均水平下，零距离连接对股权融资影响时顾客价值共创起中介作用。在参与奖励取低水平时，95%置信区间并不包括数字 0（95%CI：0.053~0.323），说明在低水平下，零距离连接对股权融资影响时顾客价值共创也起中介作用。但当参与奖励取高水平时，95%置信区间包括数字 0（95%CI：-0.007~0.223），说明在高水平下，顾客价值共创未对零距离连接与股权融资的关系起中介作用。综

合可知，在参与奖励取不同水平时，顾客价值共创的中介效应表现并不一致，说明参与奖励的调节中介作用存在。因此，假设 H7 再次得到证实。

表 4-13　参与奖励调节中介效应检验（因变量：股权融资）

中介变量	水平	Effect	BootLLCI	BootULCI
顾客价值共创	低水平（-1SD）	0.159	0.053	0.323
	平均值	0.114	0.032	0.261
	高水平（1SD）	0.069	-0.007	0.223

4.5.2　运用模糊集（fsQCA）方法再次检验

探寻各变量对融资可得性的影响关系是本书研究的核心，因此本书参照宋华和卢强（2017）的研究运用模糊集方法再次检验零距离连接、顾客价值共创、市场能力、参与奖励对股权融资的影响作用。由于零距离连接与股权融资的关系讨论均是在零距离连接对顾客价值共创具有促进效应的前提下，因此该部分使用零距离连接的一阶数据进行构型构建。

（1）变量校准：本书参考赵文和王娜（2017）、Greckhamer（2016）的研究，以各变量的 75%、50% 及 25% 分位数分别作为完全隶属、中间点和完全不隶属的 3 个定性锚点。各变量的校准锚点如表 4-14 所示。

表 4-14　各变量校准锚点

变量		锚点		
		完全不隶属	中间点	完全隶属
结果变量	股权融资（EF）	3.333	3.833	4.333
原因变量	零距离连接（ZDC）	3.500	4.000	4.167
	顾客价值共创（CVC）	3.400	3.800	4.200
	市场能力（MC）	3.500	4.000	4.250
	参与奖励（PR）	3.667	4.000	4.333

（2）单项原因变量的充分必要性分析：对各个原因变量是否为结果变量股权融资的充分必要条件进行检验，检验结果如表 4-15 所示。从充分性和必要性来看，没有条件超过 0.9。因此，所有单项原因变量对于结果变量都不构成充分必要条件，需要将多个原因变量组合起来进行构型分析。

— 75 —

表 4-15　原因变量的充分必要性检验

原因条件	原因条件的充分性一致率（Consistency）	原因条件的必要性覆盖率（Coverage）
ZDC	0.758	0.782
CVC	0.789	0.810
MC	0.726	0.817
PR	0.703	0.783

（3）前因条件构型：本书依照 QCA 研究惯例，将一致性门槛值设定为 0.8，案例数门槛值设定为 1。通过 fsQCA 计算，结果显示实现高 EF 的构型有 5 种，总体一致性为 0.816，总体覆盖率为 0.832，表明一致性较好，覆盖率较高，如表 4-16 所示。构型（1）显示，零距离连接与顾客价值共创的组合会实现高的股权融资绩效，为零距离连接通过顾客价值共创影响股权融资（假设 H2）提供了佐证。构型（2）表明，零距离连接与市场能力的组合对于股权融资具有积极影响，为零距离连接通过影响市场能力继而影响股权融资（假设 H4）提供了证明。构型（3）显示，顾客价值共创与市场能力的组合也会对股权融资具有促进作用，可以证明顾客价值共创通过影响市场能力进而影响股权融资，但该构型对零距离连接与顾客价值共创的关系未有体现，因此部分验证了假设 H5。构型（4）是零距离连接与参与奖励对股权融资的影响作用，不是本书的研究内容，因此不予考虑。构型（5）表明，当顾客价值共创与参与奖励同时出现时，零距离连接不会出现，说明零距离连接与参与奖励之间具有替代效应，验证了参与奖励会负向调节顾客价值共创在零距离连接与股权融资之间的作用，假设 H7 被证明。至此，通过 fsQCA 方法基本证实了本部分提出的与股权融资相关的假设。

表 4-16　高 EF 构型

原因条件	构型				
	(1)	(2)	(3)	(4)	(5)
ZDC	●	●		●	⊗
CVC	●		●		●
MC		●	●		
PR				●	●

续表

原因条件	构型				
	（1）	（2）	（3）	（4）	（5）
一致性	0.863	0.880	0.885	0.868	0.876
覆盖率	0.648	0.621	0.611	0.600	0.591
净覆盖率	0.034	0.014	0.020	0.019	0.026
总体一致性	0.816				
总体覆盖率	0.832				

注：●表示该条件存在，⊗表示该条件不存在，"空白"表示构型中该条件同时有存在和不存在两种情况。

综上，通过替换变量和更换方法，对本部分研究提出的所有假设进行了多次检验，结果与原检验一致，证明了本部分结论的可靠。

4.6 本章小结

本章以中小服务企业为调研对象，通过 313 份问卷实证检验了企业与顾客交易方式创新对股权融资的影响，结果如表 4-17 所示，所提假设均通过了实证检验。

表 4-17 研究假设实证结果汇总

假设编号	假设内容	检验结果
H1	零距离连接对顾客价值共创有倒 U 形影响	支持
H2	当零距离连接对顾客价值共创具有正向影响时，顾客价值共创在零距离连接与股权融资之间起中介作用	支持
H3	零距离连接对企业市场能力具有正向影响	支持
H4	市场能力在零距离连接与股权融资之间起中介作用	支持
H5	顾客价值共创和市场能力在适度零距离连接与股权融资之间起链式中介作用	支持
H6	参与奖励在零距离连接与顾客价值共创之间起负向调节作用	支持
H7	参与奖励负向调节顾客价值共创在适度零距离连接与股权融资之间的中介作用	支持

接下来针对此结果展开进一步的讨论。

第一，零距离连接对顾客价值共创具有倒 U 形影响。这就意味着企业在构建与顾客的交易关系时，需要注意分寸，要维持在一个较为合适的"度"之内。当没有超过这个"度"时，企业可以借助数字化工具，通过调整组织架构、人员配置等，实现顾企之间更进一步的紧密联系，顾客会因为自我需要等的满足而积极与企业价值共创。但当超过这个"度"后，企业就需要紧急刹车，退回到顾客所能承受的"度"之内，否则顾客就有可能认为自身私密空间被侵占、被挤压，他们可能会选择逃离予以回击，使得企业得不偿失。

第二，当零距离连接对顾客价值共创具有正向影响时，顾客价值共创在零距离连接与股权融资之间起中介作用。市场能力在零距离连接与股权融资之间起中介作用。这说明顾客价值共创和市场能力一样，都是表明企业质量信息的优质信号，能够解决借贷双方的信息不对称问题，帮助企业获得股权融资。企业为了获得这样的优质信号，需要重塑与顾客的交易方式。零距离连接作为一种顾企交易方式，是一种有温度的连接，通过顾企之间的直连会让消费者获得良好的体验价值，促使企业与消费者形成亲密关系，进而实现顾客价值共创与市场能力的提升。但是，企业需要注意与顾客零距离连接的"度"，如果超出了这个"度"，则会适得其反。

第三，顾企之间适度的零距离连接通过促进顾客价值共创从而提升企业市场能力，进而帮助企业获取股权融资。这条链式中介路径揭示了基于顾客角度的商业模式创新对融资可得性影响的过程机制。适度的零距离连接因为满足了顾客的心理需要，会激发顾客价值共创。顾客价值共创则会有利于企业获取并整合实时市场知识，增强其应对动态环境的能力，助力企业市场能力的提升。市场能力是企业具有快速成长优势的体现，会吸引股权投资者的注意，从而提高企业股权融资的可得性。

第四，参与奖励不但负向调节零距离连接与顾客价值共创之间的关系，还对顾客价值共创在适度零距离连接与股权融资间的中介作用起到负面影响。实务中，企业经常利用参与奖励鼓励顾客的参与行为，但当企业对顾客采取适度零距离连接的交易方式时，由于参与奖励不能完全公平地给予顾客经济类报酬，反而会损害顾客对企业的亲密感情。因此，企业需要设计与适度零距离连接协同的外在奖励制度，注重对顾客角色内与角色外行为的双重肯定，才能更好激发顾客的共创热情。

5 知识共生与债权融资可得性研究

本书在第三章将企业与产业利益相关者的交易方式创新确定为知识共生,因此本章在明确知识共生、产业价值共创、运营能力、合作契约、债权融资等相关概念的基础上,研究知识共生、产业价值共创、运营能力、合作契约及债权融资之间的关系,提出相应假设,并以中小服务企业为样本进行实证检验。

5.1 相关概念

5.1.1 知识共生

共生于20世纪50年代被引入管理学领域,反映了多元异质主体间的关系。共生以共存为前提,是组织间通过资源或能力的共享、互补形成的相互依赖、互惠互利的复杂关系(Cui等,2018)。相互赋能的共生关系释放了更多的价值,有利于实现价值共创,在提升组织运营效率、优化产业链结构等方面具有重要作用(卢珊等,2021)。根据已有研究,共生根据共生主体的交互关系、价值互动方式等具有不同的分类,如互补型共生、自主共存型共生、互利共生、偏利共生、偏害共生等(梅亮等,2021)。本书根据Nesta和Saviotti(2005)的研究,提出知识共生是企业与其关键的产业利益相关者在知识方面存在互补依赖,但又各自保持独立,主体间更关注整体互惠多利的互补型、共存型和互利型的共生关系。知识共生具体是指企业与关键产业利益相关者之间的知识/资源/能力等具有高度的互补性、与关键产业利益相关者之间的知识共享文化是兼容的、与关键产业利益相关者之间的知识共享具有互利性等。

5.1.2 产业价值共创

早期的价值共创研究关注顾企之间的二元关系，但由于企业处在一个动态多样的商业生态系统中，现有基于服务主导逻辑的研究已将价值共创的主体拓展至更广泛的利益相关者范畴（张悦等，2020）。其中，与产业利益相关者价值共创被定义为一个积极、动态和社会的过程，基于企业与产业利益相关者之间的互动和关系，共同生成新产品（商品和/或服务）的过程（Majchrzak 等，2015）。产业价值共创以共同的目标为指导，强调企业与产业利益相关者共同制订计划、共同执行计划、共同制造等。由于各组织拥有的资源不同，通过产业价值共创可以实现整体效益。本书根据梅亮等（2021）的研究，将产业利益相关者定义为企业的上下游供应链、产业合作伙伴等主体，将产业价值共创确定为产业利益相关者与企业合作进行产品开发、与企业合作改进运作流程等的过程。

5.1.3 运营能力

数字技术的迅猛发展，彻底改变了企业与顾客的互动方式，企业面对的外部环境变得更加动态，企业运营的效益不再局限于企业内部因素，而是由围绕在企业外部的因素共同决定（陈春花，2019）。这就要求企业在运营方面，能够联合其他合作伙伴，通过有效的资源配置快速满足和快速创造顾客需求，从而更好抵御市场风险和维持市场地位。因此，数字化时代下的运营能力是企业在实现既定目标的过程中，通过整合配置组织内外优势资源，高效响应外部环境变化以适应环境的能力。本章将主要从企业适应环境变化、进行内外资源配置等方面考察运营能力与其他变量之间的关系。

5.1.4 合作契约

合作契约是对合作伙伴进行管理的一种合作制度。合作契约强调使用正式的、具有法律约束力的协议或合同来管理伙伴关系，基于正式的规则和程序可以减少各方行为和结果的不确定性，进而平衡交易效率和保护交易资产，降低合作伙伴的机会主义行为。合作契约作为一种治理机制，被广泛地用于合作绩效的研究。一些学者认为，合作契约能够减少冲突，提高合作的稳定性（Lee 和 Cavusgil，2006），另一些学者则提出合作契约不利于合作方之间信任关系的形成，会降低合作的意愿（Jap 和 Ganesan，2000）。本书将进一步探讨合作契约对知识共生与产业价值共创关系的影响。

5.1.5 债权融资

债权融资是指企业通过向债权人借钱以获得资金补充的融资形式，由于债权人性质不同，因此债权融资包括金融性负债融资（通过银行或非银行金融机构融入资金，如向银行借款，到期需要还本付息）和商业信用融资（在销售商品、提供服务的经营过程中向客户筹集资金，如暂欠供应商货款得到周转资金，到期一般不需要支付利息），商业信用融资在某些文献中也被称作经营性负债融资。股权市场的投资者会作为新的股东入驻企业，主要关注资本增值，因此股权市场的投资者更关注企业的未来收益。与股权市场投资者的期望不同，债权市场的投资者更关心资本的安全与回收，因此他们更加看重企业财务状况的稳定，是否给予借款的标准是企业能否在动态的环境中更好抵御风险，实现资金回笼。

5.2 研究假设

5.2.1 知识共生、产业价值共创与债权融资

组织通常是理性的，会根据获取的各类信息决定实施的行为。计划行为理论是理性思考对行为的影响，因此，本书将根据计划行为理论讨论知识共生与产业价值共创之间的关系。根据计划行为理论，行为态度、知觉行为控制会通过影响行为意愿进而决定个体行为。行为态度是对实施某一行为的预期评价，预期评价越正面，行为态度越积极。知觉行为控制是对执行某行为感知到的控制程度，控制能力强，才有可能执行某行为（Ajzen，2002）。产业利益相关者是否参与价值共创的行为态度、知觉行为控制会受合作成本、收益、风险三个因素的影响（王发明和朱美娟，2018）。

当知识共生关系比较弱时，产业利益相关者与企业之间的互补、依赖内容就会较少。这意味着产业利益相关者与企业之间存在资源、企业文化等不一致的地方，如果与企业进行价值共创，可能需要产业利益相关者进行额外的成本投入。但是考虑到价值共创收益并不确定，成本可能大于收益，额外的投入也有可能因为资产专用性的提升而失去与其他企业合作的机会等情况，产业利益相关者的行为态度就会不积极，导致价值共创参与度不高。另外，较弱的知识共生关系也表明产业利益相关者与企业间的关联关系并不密切，产业利益相关者可能无法在价值共创中占据势均力敌的位置，会让他们缺乏知觉行为控制，认为不可控因素太多，风险较高，进而对价值共创产生不自信，进一步导致价值共创参与的减少。

然而，随着知识共生关系的逐渐加强，企业与产业利益相关者在知识、能源等方面具有高度的互补性，各方拥有的互补性资源只有整合才能最大化凸显资源的效用，进而共同创造出超越任何一个个体原来所能创造的价值。知识共生使得每一个组织不仅是资源的提供者，也是价值的受益者。因此，由于共创能够获得比单独运营更多的收益，产业利益相关者会产生积极的行为态度，会为了填补短板实现更好的资源整合而加强与企业的价值共创。另外，知识共生也代表着企业与产业利益相关者之间具有兼容的企业文化和价值观，避免了目标不一致带来的组织间冲突，有助于降低利益相关者的不确定性感知，也会降低交易成本。交易成本的降低促使产业利益相关者认为与企业共创比较容易，能够控制与企业的共创关系，会增强合作的信心，进而激发与企业的价值共创。最后，较强的知识共生使得主体间具有相依而生的关联关系，产业利益相关者与企业之间是一荣俱荣，一损俱损。共创会提高企业对客户的响应速度和更好满足顾客的需求，能够有效规避市场不确定性带来的风险，帮助维系关联关系的稳定和长久，因此会调动产业利益相关者产生正面的共创态度，促使他们与企业价值共创。Markovic 和 Bagherzadeh（2018）也提出，企业与产业利益相关者之间较强的知识共生关系对于成功的价值共创至关重要。

根据以上讨论，本书提出如下假设：

H1：知识共生与产业价值共创之间呈 U 形关系。

产业价值共创作为一种协作整合机制，意味着企业间具有更加广泛的信息共享，使得市场伙伴能够通过多种渠道获取企业的相关信息，增加了信息的透明度，减少了信息的不对称，共创活动带来的信用信息会增加企业获得债权融资的机会（宋华和陈思洁，2019）。如价值共创的频繁沟通能够更快传递企业的运营信息，强化了信息披露的真实性与有效性，降低了企业与产业利益相关者间的不确定性，促使企业易于从产业链的上游获得更加灵活的付款政策，如延长采购账款的支付时间等，使得企业获得经营性负债；或者从其他的产业利益相关者处获得资金援助，提升债权融资可得性。另外，实务中金融机构在进行信贷服务时，除了考察单个企业的信用外，还会将产业利益相关者也纳入风险衡量范围，价值共创带来的资源整合有助于降低参与各方面临的市场风险，提高企业和产业利益相关者的稳定性，使金融机构对企业产生正面评价，促进债权融资的获得。最后，产业利益相关者与企业进行价值共创也表明企业在行业中具有一定的地位和实力，企业前景明朗，这会为企业带来良好的声誉，而声誉会帮助企业获得债权融资（Purnima等，2019）。

根据以上讨论，本书提出如下假设：

H2：产业价值共创在知识共生与债权融资之间起中介作用。

5.2.2 知识共生、运营能力与债权融资

知识共生使得组织成员间不再有主客之分，他们彼此互为主体。根据组织间依赖的观点，知识共生带来的关系属于联合依赖。组织间依赖是资源依赖理论的重要拓展，指的是组织成员之间互相影响的程度。联合依赖作为组织间依赖的一种，反映了各方都需要依赖彼此，关注的是依赖的总和（吕文晶等，2017）。联合依赖构建的是互惠公平的关系，有助于促进组织间的信任，会提升多方关系的整体凝聚力，产生组织间协同。互联网技术的出现，导致各组织都是以网络的形式链接，单一组织很难拥有企业发展需要的全部要素，组织效率的发挥取决于组织成员与其他组织成员间的协同。因此，知识共生带来的协同会促进知识的快速交换与共享，为顾客创造新需求和新体验，促使企业更好适应环境变化，提升了企业的运营能力。另外，已有研究认为，各组织主体由于市场目标的不一致，会存在合作与竞争的双重局面。知识共生关系也不否定竞争的存在，但与传统意义上的排斥竞争不同，共生逻辑更加强调资源的互补与相互激发，是为了共同为客户创造价值而形成（陈春花，2019）。因此，知识共生关系不会带来产业链内的恶意损耗，组织成员更关注如何更好地为顾客服务。数字化时代的顾客多变并且缺乏耐性，使得企业必须要提升响应顾客的速度。在此种情形下，产业利益相关

者及企业会迅速调动彼此知识，根据环境变化及时调整与整合，通过资源的有效配置快速满足消费者的需求，因而极大地增强了组织的运营能力。

组织运营能力的提升促使企业提高了资源的利用效率。对于债权市场的投资者来说，他们会借助财务数据判断企业是否具备良好的信用状况和还款条件，而资源利用效率高的企业一般财务报表表现较佳，因此债权市场的投资者会倾向于向此类企业借款。组织运营能力的增强也表明企业适应环境的能力很强，企业能够在动态不确定的情形下快速满足顾客的需求。组织适应环境的能力提升了企业抵抗风险的水平，使得企业的市场表现等指标相对稳定，会增强债权市场投资者收回借款的信心，从而进一步提高了企业债权融资的可得性。对于商业伙伴而言，具备较强运营能力的企业传递了积极的正面信号，表明企业已在行业中拥有一席之地，因此，他们愿意向企业提供信用资金以维系与企业长久的合作关系，以此增加自身在未来分享企业成长收益的可能性。

根据以上讨论，本书提出如下假设：

H3：运营能力在知识共生与债权融资之间起中介作用。

5.2.3 知识共生、产业价值共创、运营能力与债权融资

知识共生带来的知识互补和共生关系促使产业利益相关者积极与企业价值共创。通过价值共创，企业可以更好地整合资源、应对环境变化和快速满足顾客需求，提升了组织的运营能力。Ind等（2017）的研究显示，通过与各类外部利益相关者价值共创，企业可以实现大量的竞争优势并提升组织运营效率，包括产生新理念、降低风险、提高效率、提升市场反应速度等。运营能力的提升使得企业整体运营加速，资源配置更加有效，能够更迅速地应对动态环境带来的不确定性，从而展现出一个具有稳定基础且有上升空间的财务状况，有利于企业获得债权市场投资者的青睐。

根据以上讨论，本书提出如下假设：

H4：产业价值共创和运营能力在知识共生与债权融资之间起链式中介作用。

5.2.4 合作契约对知识共生与产业价值共创关系的调节

在服务业的背景下，合作契约与知识共生是一种替代关系，即合作契约机制的加大会削弱知识共生的影响。合作契约要求制定明确的合同规范合作伙伴的权

力与义务,强调正式控制的重要性,是防止机会主义的有效保障。但对于服务企业来说,本身需要依赖和产出很多无形的知识,这些知识很难具体解释与编码(白鸥等,2015),导致无法提前确定合同的所有内容,使得产业利益相关者与企业有可能对未明确事件有不同的解读而产生矛盾与冲突。冲突会增加产业利益相关者的交易成本,迫使他们认为对知识共生带来的价值共创活动无法有效控制,根据计划行为理论,知觉控制的减弱会减少他们与企业价值共创的信心,产生消极行为。另外,知识共生是通过知识的互补嵌入营造企业间的长期亲密关系,在这种情境下,如果企业实施合作契约,会释放出企业对产业利益相关者不信任的信号(Cao 和 Lumineau,2015)。产业利益相关者会认为自身与企业构建命运共同体的期望并没有得到企业的认同,根据计划行为理论,这样的评价会让他们产生追逐自身利益最大化的行为态度,结果出现机会主义行为。动机的不同使得双方的合作关系不够稳定,可能会导致合作意愿的降低,无法实现有效的资源整合,对价值共创不利。所以,合作契约会减少组织间信任,对知识共生与产业价值共创间的积极关系产生有害影响。

根据以上讨论,本书提出如下假设:

H5:合作契约在知识共生与产业价值共创之间起负向调节作用。

5.2.5 合作契约对知识共生、产业价值共创与债权融资关系的中介调节

服务业依赖和产出的很多无形知识很难具体解释与编码,导致合作契约不能有效执行,增加了产业利益相关者与企业之间的冲突和不信任,这与知识共生强调的长期亲密关系相矛盾,不利于知识共生对产业价值共创的促进作用。缺乏产业价值共创,会直接导致企业无法迅速满足顾客提出的需求。数字化时代的顾客对于企业的反应速度有更高的要求,不能快速回应意味着顾客会转向竞争对手。因此,如果企业不能迅速应对市场变化,就会使企业的经营状况表现不够稳定,那么债权市场的投资者会因为担心企业无法按时还本付息而减少对企业的债权投资。同时,缺乏产业价值共创,也使得企业与产业利益相关者无法充分互动与资源共享,会增加彼此间的信息不对称程度,不利于企业从产业利益相关者处获得经营性负债融资。

根据以上讨论,本书提出如下假设:

H6:合作契约负向调节产业价值共创在知识共生与债权融资之间的中介

作用。

为此，本书构建了一个有调节的链式中介模型，探寻企业与产业利益相关者之间的知识共生关系对于企业债权融资的影响路径及条件。具体研究模型如图5-1所示。

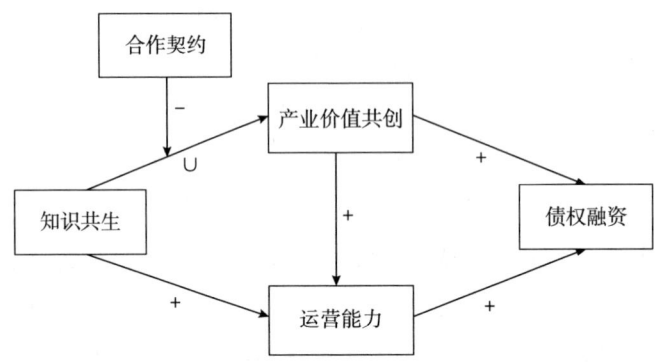

图 5-1　产业利益相关者角度的研究模型

5.3　研究设计

5.3.1　变量测量

本书根据已有研究成果对各变量进行测量。除控制变量外，对所有的测量题项，均采用李克特 5 点计分法进行测度，其中 1 表示"完全不同意"，5 表示"完全同意"。

对于知识共生（KI），参照 Nesta 和 Saviotti（2005）的研究，包含 6 个测量题项；对于产业价值共创（IVC），参照宋华等（2018）的研究，包含 4 个测量题项；对于运营能力（OC），参照李慧和王晓琦（2017）、陈春花和朱丽（2019）的研究，包含 5 个测量题项；对于债权融资（DF），可以用企业当期获得的债权融资金额数据直接测量，但本书调研的企业以非上市公司为主，此类数据一般保密，因此本书参照项国鹏等（2019）的研究，运用自我感知的债权融资获得情况从商业信用融资和金融性负债融资两方面进行替代测量，包含 6 个测量题项；对于合作契约（CC），参照 Wuyts 和 Geyskens（2005）、高孟立（2017）的研究，包含 5 个测量题项。

对于控制变量，参照周中胜等（2015）、卢强等（2019）的研究，对企业规模（ES）、企业成立年限（EY）及产权性质（PN）进行控制。根据国家工信部中小企业司 2011 版的标准，从业人员 1000 人以下为中小企业。因此具体的测度为：1~20 人=1，21~50 人=2，51~100 人=3，101~500 人=4，501~1000 人=5；<1 年=1，1~4 年=2，5~7 年=3，8~15 年=4，>15 年=5；产权性质为国有=1，产权性质为非国有=2。

各变量的具体测量题项如表 5-1 所示。

表 5-1　各变量的测量量表

变量	测量题项	文献来源
知识共生	我们与关键产业利益相关者之间的知识/资源/能力等具有高度的互补性	Nesta 和 Saviotti（2005）
	我们与关键产业利益相关者之间的知识共享文化是兼容的	
	我们与关键产业利益相关者之间的知识共享和管理风格是相互兼容的	
	我们与关键产业利益相关者的合作没有损害对方利益	
	我们与关键产业利益相关者之间的知识共享具有互利性	
	我们与关键产业利益相关者之间的知识协同具有合理的分工	
产业价值共创	关键产业利益相关者会参与我们产品的设计过程	宋华等（2018）
	关键产业利益相关者会与我们合作改进运作流程	
	关键产业利益相关者会与我们合作进行新产品开发	
	关键产业利益相关者会参与我们的战略规划过程	
运营能力	当外部环境发生变化时，我们能够与组织成员联合起来抵抗风险	李慧和王晓琦（2017）、陈春花和朱丽（2019）
	我们与关键产业利益相关者进行优势互补，产生了"1+1>2"的效果	
	与关键产业利益相关者的协同使我们能更加有效地进行资源配置	
	与关键产业利益相关者的合作，大大增加了我们在市场上的话语权	
	我们能够与关键产业利益相关者联合起来高效响应外部环境的变化	
债权融资	我们公司的商业信用融资满足程度高	项国鹏等（2019）
	与行业相比，我们公司商业信用融资满足程度高	
	我们公司的商业信用融资能力强	
	我们公司的金融性负债融资满足程度高	
	与行业相比，我们公司金融性负债融资满足程度高	
	我们公司金融性负债融资能力强	

续表

变量	测量题项	文献来源
合作契约	我们和关键产业利益相关者依据契约开展互动	Wuyts 和 Geyskens（2005）、高孟立（2017）
	我们和关键产业利益相关者有很详细的合同协议	
	我们和关键产业利益相关者的合同协议详述了双方的义务	
	不能达到合同规定目标时合同中有明确如何处理的法律方案	
	我们和关键产业利益相关者的合同中明确规定了出现争议时的解决办法	
控制变量	企业规模	周中胜等（2015）；卢强等（2019）
	企业成立年限	
	产权性质	

5.3.2 检验模型

本书构建如下4个数学模型，模型（1）、模型（2）用来检验知识共生对产业价值共创的影响关系，即假设H1；模型（3）、模型（4）用来检验合作契约对知识共生与产业价值共创关系之间的调节作用，即假设H5。假设H2、假设H3、假设H4和假设H6运用Bootstrap抽样检验方法进行检验，未构建数学模型。

$$IVC = \alpha_0 + \alpha_1 ES + \alpha_2 EY + \alpha_3 PN + \alpha_4 KI + \varepsilon \tag{1}$$

$$IVC = \beta_0 + \beta_1 ES + \beta_2 EY + \beta_3 PN + \beta_4 KI + \beta_5 KI^2 + \theta \tag{2}$$

$$IVC = \pi_0 + \pi_1 ES + \pi_2 EY + \pi_3 PN + \pi_4 KI + \pi_5 CC + \pi_6 KI \times CC + \eta \tag{3}$$

$$IVC = \kappa_0 + \kappa_1 ES + \kappa_2 EY + \kappa_3 PN + \kappa_4 KI + \kappa_5 CC + \kappa_6 KI^2 \times CC + \mu \tag{4}$$

5.3.3 预调研

为了保证量表更加贴合本书的研究背景，在正式调研前笔者进行了预调研。预调研发放问卷120份，有效问卷79份，有效问卷回收率65.83%。运用SPSS25.0对初始量表进行信度和效度检验时，发现在对合作契约构念测量时，存在1个题项，如删除这个题项，信度和效度会有显著改善。由此，合作契约量表删除"我们和关键产业利益相关者的合同中明确规定了出现争议时的解决办法"这个题项，剩余4个题项。从而得到本部分研究的正式量表。

5.3.4 研究样本与数据采集

选择注重商业模式创新的中小服务企业进行调研，通过个人关系向调研企业的管理层线上推送电子问卷,在推送问卷的同时,详细解释相关概念,如商业信用融资、金融性负债融资的含义,并留有联系方式以备填写者存在问题时及时沟通。数据的收集从2021年2月持续至4月,共计收回500份问卷,剔除无效问卷后,剩余有效问卷350份,有效问卷回收率70%。样本企业的特征如表5-2所示。根据回收的有效问卷,国有企业占比54.57%,非国有企业占比45.43%;调研企业的规模集中于21~500人,21~50人的企业占比18.57%,51~100人的占比46.57%,101~500人的占比21.71%;成立年限以1~7年为主,1~4年的企业占比40.29%,5~7年占比34.86%。调查的样本企业分布在陕西、山西、黑龙江、河南、上海、广东等11个省市。总体来说,样本符合本部分研究的要求。

表5-2 样本特征

类别	特征	样本数	占比(%)	类别	特征	样本数	占比(%)
企业规模	1~20人	19	5.43	产权性质	国有	191	54.57
	21~50人	65	18.57		非国有	159	45.43
	51~100人	163	46.57	来源地	陕西	69	19.71
	101~500人	76	21.71		山西	58	16.57
	501~1000人	27	7.72		黑龙江	38	10.86
企业成立年限	<1年	18	5.14		河南	35	10.00
	1~4年	141	40.29		上海	30	8.57
	5~7年	122	34.86		广东	27	7.71
	8~15年	38	10.86		湖南	25	7.14
	>15年	31	8.86		其他	68	19.44

5.3.5 共同方法偏差和信度、效度检验

5.3.5.1 共同方法偏差

本书的调查问卷是由服务企业的管理层填写,可能存在同源数据的共同方法偏差的问题,本书选择Harman单因子对此进行检验。对所有变量的测量题项进行主成分分析,旋转后的第一个公因子解释的方差比例为34.398%(小于50%),说明研究结果不会受到同源数据的显著影响。

5.3.5.2 信度、效度检验

本书运用 SPSS25.0 和 AMOS17.0 对量表进行信度和效度检验。如表5-3所示，各变量的 Cronbach'α 系数和 CR 值均大于 0.6 的可接受门槛，说明量表具有良好的内部一致性，信度较高。各变量的 KMO 值均大于 0.6，巴特利特球形检验的 p 值为 0，说明各题项的内容可以提取出大部分信息。对量表整体进行 KMO 检验和巴特利特球形检验，KMO 值为 0.899，大于 0.6，巴特利特球形检验的 p 值为 0，表明问卷具有结构效度，可以进行因子分析。在此基础上，运用 AMOS17.0 进行验证性因子分析，如表5-3所示，各变量测量题项的因子载荷系数均大于 0.5，且在 p 值为 0 的条件下具有统计显著性，表明量表具有聚合效度。表5-4的各变量相关系数显示，所有变量的 AVE 的平方根均大于其与其他变量的相关系数，表明度量具有区别效度。因此，综合来看本书采用的量表具有较好的信度和效度。

表5-3 量表的信度和效度检验

变量	测量题项	因子载荷	Cronbach'α 系数	KMO	CR
知识共生（KI）	KI1	0.711***	0.820	0.841	0.820
	KI2	0.704***			
	KI3	0.624***			
	KI4	0.604***			
	KI5	0.641***			
	KI6	0.655***			
产业价值共创（IVC）	IVC1	0.630***	0.669	0.702	0.671
	IVC2	0.620***			
	IVC3	0.523***			
	IVC4	0.543***			
运营能力（OC）	OC1	0.673***	0.756	0.718	0.757
	OC2	0.709***			
	OC3	0.577***			
	OC4	0.580***			
	OC5	0.538***			

续表

变量	测量题项	因子载荷	Cronbach'α 系数	KMO	CR
债权融资（DF）	DF1	0.689***	0.818	0.818	0.819
	DF2	0.620***			
	DF3	0.635***			
	DF4	0.712***			
	DF5	0.645***			
	DF6	0.619***			
合作契约（CC）	CC1	0.678***	0.735	0.754	0.734
	CC2	0.648***			
	CC3	0.610***			
	CC4	0.616***			

注：*** 表示 $p<0.001$。

表 5-4 Pearson 相关与 AVE 平方根值

	1	2	3	4	5
1 知识共生	**0.658**				
2 产业价值共创	0.577	**0.584**			
3 运营能力	0.623	0.539	**0.623**		
4 债权融资	0.564	0.579	0.555	**0.658**	
5 合作契约	0.557	0.575	0.550	0.527	**0.640**

注：对角线上方为平均变异量抽取值的平方根；对角线下方为潜变量间相关系数。

5.4 实证结果与分析

5.4.1 描述性统计与相关分析

利用 SPSS25.0 进行描述性统计和相关性分析。各变量的均值、标准差和相关系数如表 5-5 所示。Pearson 相关系数显示知识共生、产业价值共创、运营能力、债权融资与合作契约之间均具有显著的相关关系,且变量之间的关系与本部分研究的假设基本一致,为后续检验提供了基本支持。接下来,本书将通过层次回归模型和 Bootstrap 抽样做进一步检验。

表 5-5 各变量的均值、标准差和相关系数

	平均值	标准差	1	2	3	4	5	6	7	8
1 企业规模	3.103	1.024	1							
2 企业成立年限	2.780	1.013	0.411***	1						
3 产权性质	1.454	0.499	0.009	0.057	1					
4 知识共生	3.616	0.748	−0.054	0.048	−0.131*	1				
5 产业价值共创	3.726	0.673	0.016	0.051	−0.129*	0.577***	1			
6 运营能力	3.682	0.704	−0.031	0.165**	−0.158**	0.623***	0.539***	1		
7 债权融资	3.697	0.687	−0.064	0.034	−0.160**	0.564***	0.579***	0.555***	1	
8 合作契约	3.706	0.729	−0.086	0.027	−0.146*	0.557***	0.575***	0.550***	0.527***	1

注:*表示 $p<0.05$,**表示 $p<0.01$,***表示 $p<0.001$。

5.4.2 假设检验

本书选用层次回归和 Bootstrap 抽样检验方法进行假设检验。中介效应各模型的方差膨胀因子(VIF)在 1.037~1.897,调节效应的 VIF 在 1.032~1.760,VIF 均小于 10,意味着不存在多重共线性问题,研究结果可靠。

5.4.2.1 知识共生与产业价值共创关系检验

运用层次回归方法进行 U 形关系检验。表 5-6 的模型 2 显示知识共生显著正向影响产业价值共创($\beta=0.514$,$p<0.001$)。模型 3 显示,在加入知识共生平方项后,知识共生负向影响产业价值共创($\beta=-0.224$),知识共生平方项显著正向影响产业价值共创($\beta=0.118$,$p<0.001$),因此假设 H1 得到证实,知识共生与产业价值共创间是 U 形关系。

表 5-6　知识共生对产业价值共创的影响检验

	模型 1	模型 2	模型 3
企业规模	−0.005 (−0.139)	0.029 (0.912)	0.030 (0.972)
企业成立年限	0.041 (1.057)	0.006 (0.183)	0.010 (0.313)
产权性质	−0.179* (−2.489)	−0.075 (−1.247)	−0.072 (−1.232)
知识共生		0.514*** (12.882)	−0.224 (−1.180)
知识共生^2			0.118*** (3.972)
R^2	0.020	0.338	0.367
调整后的 R^2	0.012	0.331	0.358
F 值	2.375	44.115***	39.958***
ΔR^2	0.020	0.318	0.029
ΔF 值	2.375	165.937***	15.774***

注：* 表示 p<0.05，** 表示 p<0.01，*** 表示 p<0.001，括号里面的数据为 t 值，下表同。

5.4.2.2　产业价值共创、运营能力中介效应检验

使用 Bootstrap 抽样检验方法进行中介效应研究，抽样次数为 5000 次，置信水平 95%。如表 5-7 所示，针对"知识共生⇒产业价值共创⇒债权融资"这条中介路径，95%置信区间并不包括数字 0（95%CI：0.178~0.335），说明此条中介效应路径存在。针对"知识共生^2⇒产业价值共创⇒债权融资"这条中介路径，95%置信区间并不包括数字 0（95%CI：0.182~0.319），说明此条中介效应路径存在。针对"知识共生⇒运营能力⇒债权融资"这条中介路径，95%置信区间并不包括数字 0（95%CI：0.059~0.182），说明此条中介效应路径存在。针对"知识共生^2⇒运营能力⇒债权融资"这条中介路径，95%置信区间并不包括数字 0（95%CI：0.056~0.160），说明此条中介效应路径存在。针对"知识共生⇒产业价值共创⇒运营能力⇒债权融资"这条中介路径，95%置信区间并不包括数字 0（95%CI：0.007~0.085），说明此条链式中介效应路径存在。针对"知识共生^2⇒产业价值共创⇒运营能力⇒债权融资"这条中介路径，95%置信区间并不包括数字 0（95%CI：0.006~0.076），说明此条链式中介效应路径存在。上述结果表明，

产业价值共创与运营能力在知识共生、知识共生平方项与债权融资间的关系中均具有中介作用，因此假设 H2、H3 和 H4 得到验证。

表 5-7 中介效应

路径	Effect	Boot SE	BootLLCI	BootULCI
知识共生⇒产业价值共创⇒债权融资	0.166	0.040	0.178	0.335
知识共生²⇒产业价值共创⇒债权融资	0.024	0.036	0.182	0.319
知识共生⇒运营能力⇒债权融资	0.098	0.032	0.059	0.182
知识共生²⇒运营能力⇒债权融资	0.014	0.026	0.056	0.160
知识共生⇒产业价值共创⇒运营能力⇒债权融资	0.033	0.020	0.007	0.085
知识共生²⇒产业价值共创⇒运营能力⇒债权融资	0.004	0.018	0.006	0.076

注：BootLLCI 指 Bootstrap 抽样 95%置信区间下限，BootULCI 指 Bootstrap 抽样 95%置信区间上限，下表同。

5.4.2.3 合作契约的调节效应检验

为了避免自变量与交互变量相关性过高产生共线性问题，本书将知识共生、知识共生平方项和合作契约进行中心化处理，然后生成知识共生×合作契约、知识共生²×合作契约的交互变量。表 5-8 的模型 3 显示，当把知识共生、合作契约、知识共生与合作契约的交互变量全部放入回归方程时，知识共生与合作契约的交互变量负向影响产业价值共创（β=-0.131，p<0.001）。模型 6 显示，当把知识共生平方项、合作契约、知识共生平方项与合作契约的交互变量全部放入回归方程时，知识共生平方项与合作契约的交互变量负向影响产业价值共创（β=-0.030，p<0.001）。以上结果表明，合作契约在知识共生、知识共生平方项与产业价值共创间的关系中均具有负向调节作用，因此假设 H5 得到证实。

表 5-8 调节效应（因变量：产业价值共创）

	模型 1	模型 2	模型 3	模型 4	模型 5	模型 6
企业规模	0.029 (0.912)	0.046 (1.558)	0.048 (1.680)	0.030 (0.980)	0.046 (1.573)	0.048 (1.748)
企业成立年限	0.006 (0.183)	-0.003 (-0.085)	-0.007 (-0.244)	0.008 (0.255)	-0.001 (-0.019)	-0.011 (-0.378)
产权性质	-0.075 (-1.247)	-0.036 (-0.649)	-0.043 (-0.802)	-0.071 (-1.210)	-0.036 (-0.656)	-0.044 (-0.842)
知识共生	0.514*** (12.882)	0.334*** (7.559)	0.331*** (7.706)			

续表

	模型1	模型2	模型3	模型4	模型5	模型6
知识共生^2				0.084*** (13.682)	0.056*** (8.110)	0.060*** (8.994)
合作契约		0.342*** (7.522)	0.268*** (5.686)		0.320*** (6.989)	0.229*** (4.995)
知识共生×合作契约			-0.131*** (-4.580)			
知识共生^2×合作契约						-0.030*** (-6.144)
R^2	0.338	0.432	0.465	0.365	0.444	0.499
调整后的R^2	0.331	0.424	0.455	0.357	0.436	0.490
F值	44.115***	52.292***	49.603***	49.542***	54.900***	56.929***
ΔR^2	0.338	0.093	0.033	0.365	0.079	0.055
ΔF值	44.115***	56.575***	20.978***	49.542***	48.847***	37.749***

为了更直观地展示合作契约对知识共生与产业价值共创关系的调节作用，本书绘制了合作契约的调节效应图。如图5-2所示，相比于低合作契约，高合作契约下知识共生对产业价值共创的U形影响变得更为平缓，说明合作契约在知识共生对产业价值共创的非线性影响中起到负向调节作用。

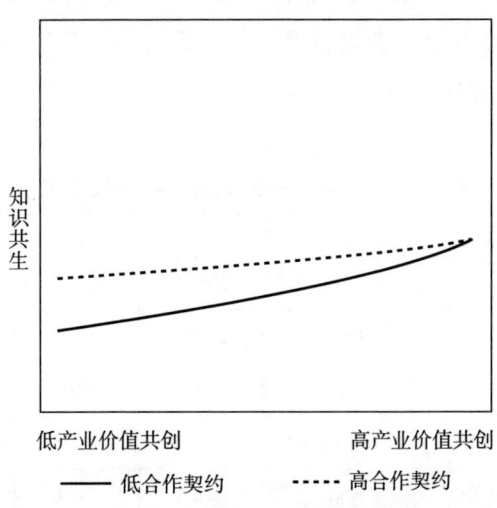

图5-2 合作契约在知识共生与产业价值共创间的调节作用

5.4.2.4 合作契约的调节中介效应检验

使用 Bootstrap 抽样检验方法进行调节中介效应检验,即分析调节变量"合作契约"在不同水平时,对知识共生、产业价值共创与债权融资中介效应的影响情况,结果如表 5-9 所示:当自变量是知识共生时,在合作契约取平均水平(3.706)时,95%置信区间并不包括数字 0(95%CI:0.049~0.253),说明在平均水平下,知识共生对债权融资影响时产业价值共创起中介作用;在合作契约取低水平(2.977)时,95%置信区间并不包括数字 0(95%CI:0.066~0.290),说明在低水平下,知识共生对债权融资影响时产业价值共创起中介作用;当合作契约取高水平(4.436)时,95%置信区间不包括数字 0(95%CI:0.017~0.231),说明在高水平下,知识共生对债权融资影响时产业价值共创起中介作用。当自变量是知识共生平方项时,在合作契约取平均水平(3.706)时,95%置信区间并不包括数字 0(95%CI:0.007~0.040),说明在平均水平下,知识共生平方项对债权融资影响时产业价值共创起中介作用;在合作契约取低水平(2.977)时,95%置信区间并不包括数字 0(95%CI:0.010~0.049),说明在低水平下,知识共生平方项对债权融资影响时产业价值共创起中介作用;当合作契约取高水平(4.436)时,95%置信区间不包括数字 0(95%CI:0.002~0.034),说明在高水平下,知识共生平方项对债权融资影响时产业价值共创起中介作用。综合可知,无论自变量是知识共生还是知识共生平方项,在合作契约取不同水平时,产业价值共创的中介效应均表现一致,说明合作契约的调节中介作用不存在。因此,假设 H6 未得到证实。

表 5-9 调节中介效应(因变量:债权融资)

自变量	中介变量	水平	水平值	Effect	BootLLCI	BootULCI
知识共生	产业价值共创	低水平(-1SD)	2.977	0.165	0.066	0.290
		平均值	3.706	0.128	0.049	0.253
		高水平(1SD)	4.436	0.091	0.017	0.231
知识共生^2	产业价值共创	低水平(-1SD)	2.977	0.028	0.010	0.049
		平均值	3.706	0.020	0.007	0.040
		高水平(1SD)	4.436	0.013	0.002	0.034

5.5 稳健性检验

5.5.1 更换变量测量方法

对产业价值共创采用解学梅和王宏伟（2020）的研究进行重新测量。量表的测量题项包括"关键产业利益相关者会参与我们的长期规划""关键产业利益相关者会参与我们的产品规划"等4个问题，Cronbach'α系数为0.665，大于0.6的可接受门槛，KMO值为0.694，巴特利特球形检验的p值为0，表明量表具有较好的信度与效度。

表5-10的模型2显示知识共生显著正向影响产业价值共创（β=0.508，p<0.001），模型3显示在加入知识共生平方项后，知识共生负向影响产业价值共创（β=-0.260），知识共生平方项显著正向影响产业价值共创（β=0.117，p<0.01），因此假设H1再次得到证实。

表5-10 知识共生对产业价值共创的影响检验

	模型1	模型2	模型3
企业规模	0.021 (0.492)	0.025 (0.691)	0.032 (0.895)
企业成立年限	0.063 (1.413)	0.037 (0.996)	0.041 (1.102)
产权性质	-0.212* (-2.497)	-0.092 (-1.280)	-0.086 (-1.210)
知识共生		0.508*** (10.079)	-0.260 (-1.017)
知识共生^2			0.117** (3.062)
R^2	0.038	0.328	0.354
调整后的R^2	0.026	0.317	0.340

续表

	模型1	模型2	模型3
F值	3.086*	28.698***	25.652***
ΔR^2	0.038	0.290	0.026
ΔF值	3.086*	101.588***	9.374**

如表 5-11 所示，针对"知识共生⇒产业价值共创⇒债权融资"这条中介路径，95%置信区间并不包括数字 0（95%CI：0.110~0.246），说明此条中介效应路径存在。针对"知识共生^2⇒产业价值共创⇒债权融资"这条中介路径，95%置信区间并不包括数字 0（95%CI：0.109~0.238），说明此条中介效应路径存在。针对"知识共生⇒运营能力⇒债权融资"这条中介路径，95%置信区间并不包括数字 0（95%CI：0.068~0.293），说明此条中介效应路径存在。针对"知识共生^2⇒运营能力⇒债权融资"这条中介路径，95%置信区间并不包括数字 0（95%CI：0.064~0.277），说明此条中介效应路径存在。针对"知识共生⇒产业价值共创⇒运营能力⇒债权融资"这条中介路径，95%置信区间并不包括数字 0（95%CI：0.001~0.141），说明此条链式中介效应路径存在。针对"知识共生^2⇒产业价值共创⇒运营能力⇒债权融资"这条中介路径，95%置信区间并不包括数字 0（95%CI：0.006~0.136），说明此条链式中介效应路径存在。因此，假设 H2、H3 和 H4 再次得到验证。

表 5-11 中介效应

路径	Effect	Boot SE	BootLLCI	BootULCI
知识共生⇒产业价值共创⇒债权融资	0.137	0.035	0.110	0.246
知识共生^2⇒产业价值共创⇒债权融资	0.019	0.033	0.109	0.238
知识共生⇒运营能力⇒债权融资	0.115	0.058	0.068	0.293
知识共生^2⇒运营能力⇒债权融资	0.016	0.055	0.064	0.277
知识共生⇒产业价值共创⇒运营能力⇒债权融资	0.036	0.036	0.001	0.141
知识共生^2⇒产业价值共创⇒运营能力⇒债权融资	0.004	0.034	0.006	0.136

表 5-12 的模型 3 显示，当把知识共生、合作契约、知识共生与合作契约的交互变量全部放入回归方程时，知识共生与合作契约的交互变量负向影响产业价

值共创（β=-0.217，p<0.001）。模型6显示当把知识共生平方项、合作契约、知识共生平方项与合作契约的交互变量全部放入回归方程时，知识共生平方项与合作契约的交互变量负向影响产业价值共创（β=-0.039，p<0.001）。假设H5再次得到证实。

表5-12 调节效应（因变量：产业价值共创）

	模型1	模型2	模型3	模型4	模型5	模型6
企业规模	0.025 (0.691)	0.039 (1.106)	0.040 (1.191)	0.030 (0.835)	0.041 (1.178)	0.042 (1.284)
企业成立年限	0.037 (0.996)	0.029 (0.804)	0.010 (0.299)	0.039 (1.061)	0.032 (0.879)	0.008 (0.240)
产权性质	-0.092 (-1.280)	-0.062 (-0.881)	-0.069 (-1.033)	-0.086 (-1.208)	-0.060 (-0.873)	-0.065 (-0.997)
知识共生	0.508*** (10.079)	0.393*** (7.054)	0.396*** (7.467)			
知识共生^2				0.079*** (10.655)	0.063*** (7.413)	0.065*** (8.151)
合作契约		0.237*** (4.217)	0.194*** (3.576)		0.210*** (3.687)	0.180*** (3.362)
知识共生×合作契约			-0.217*** (-5.018)			
知识共生^2×合作契约						-0.039*** (-5.809)
R^2	0.328	0.376	0.437	0.351	0.387	0.464
调整后的R^2	0.317	0.362	0.422	0.340	0.374	0.451
F值	28.698***	28.154***	30.081***	31.801***	29.524***	33.669***
ΔR^2	0.328	0.047	0.061	0.351	0.036	0.078
ΔF值	28.698***	17.780***	25.176***	31.801***	13.595***	33.742***

表5-13显示：当自变量是知识共生时，在合作契约取平均水平时，95%置信区间并不包括数字0（95%CI：0.035~0.309），说明在平均水平下，知识共生对债权融资影响时产业价值共创起中介作用；在合作契约取低水平时，95%置信区间并不包括数字0（95%CI：0.056~0.381），说明在低水平下，知识共生对债

权融资影响时产业价值共创起中介作用；当合作契约取高水平时，95%置信区间不包括数字0（95%CI：0.001~0.258），说明在高水平下，知识共生对债权融资影响时产业价值共创起中介作用。当自变量是知识共生平方项时，在合作契约取平均水平时，95%置信区间并不包括数字0（95%CI：0.005~0.047），说明在平均水平下，知识共生平方项对债权融资影响时产业价值共创起中介作用；在合作契约取低水平时，95%置信区间并不包括数字0（95%CI：0.009~0.058），说明在低水平下，知识共生平方项对债权融资影响时产业价值共创起中介作用；当合作契约取高水平时，95%置信区间不包括数字0（95%CI：0.001~0.037），说明在高水平下，知识共生平方项对债权融资影响时产业价值共创起中介作用。综合可知，在合作契约取不同水平时，产业价值共创的中介效应表现一致，说明合作契约的调节中介作用不存在。假设H6未得到证实，与原检验结果一致。

表5-13 调节中介效应（因变量：债权融资）

自变量	中介变量	水平	Effect	BootLLCI	BootULCI
知识共生	产业价值共创	低水平（-1SD）	0.188	0.056	0.381
		平均值	0.135	0.035	0.309
		高水平（1SD）	0.083	0.001	0.258
知识共生^2	产业价值共创	低水平（-1SD）	0.027	0.009	0.058
		平均值	0.019	0.005	0.047
		高水平（1SD）	0.011	0.001	0.037

5.5.2 运用模糊集方法再次检验

探寻各变量对融资可得性的影响关系是本书研究的核心，因此本书参照宋华和卢强（2017）的研究运用模糊集方法再次检验知识共生、产业价值共创、运营能力、合作契约对债权融资的影响作用。在检验时，运用知识共生的一阶数据探寻实现高债权融资绩效的构型组合。

（1）变量校准：本书参考赵文和王娜（2017）、Greckhamer（2016）的研究，以各变量的75%、50%及25%分位数分别作为完全隶属、中间点和完全不隶属的3个定性锚点。各变量的校准锚点如表5-14所示。

5 知识共生与债权融资可得性研究

表 5-14 各变量校准锚点

变量		锚点		
		完全不隶属	中间点	完全隶属
结果变量	债权融资（DF）	3.333	3.833	4.167
原因变量	知识共生（KI）	3.167	3.667	4.167
	产业价值共创（IVC）	3.500	3.750	4.250
	运营能力（OC）	3.400	3.800	4.200
	合作契约（CC）	3.500	3.750	4.000

（2）单项原因变量的充分必要性分析：对各个原因变量是否为结果变量债权融资的充分必要条件进行检验，检验结果如表5-15所示。从充分性和必要性来看，没有条件超过0.9。因此，所有单项原因变量对于结果变量都不构成充分必要条件，需要将多个原因变量组合起来进行构型分析。

表 5-15 原因变量的充分必要性检验

原因条件	原因条件的充分性一致率（Consistency）	原因条件的必要性覆盖率（Coverage）
KI	0.844	0.769
IVC	0.814	0.790
OC	0.794	0.818
CC	0.831	0.742

（3）前因条件构型：本书依照QCA研究惯例，将一致性门槛值设定为0.8，案例数门槛值设定为1。通过fsQCA计算，结果显示实现高DF的构型有3种，总体一致性为0.810，总体覆盖率为0.865，表明一致性较好且覆盖率较高，如表5-16所示。构型（1）显示，知识共生与运营能力的组合实现了高的债权融资绩效，为本部分研究提出的知识共生通过运营能力影响企业债权融资（假设H3）提供了佐证。构型（2）表明，知识共生与产业价值共创的组合也对债权融资具有促进作用，为知识共生通过影响产业价值共创继而影响债权融资（假设H2）提供了证明。另外，构型（2）中并未出现合作契约条件，说明知识共生与合作契约在影响产业价值共创和债权融资时不会同时出现，二者是替代关系，为

— 101 —

假设 H6 的不成立提供支持。构型（3）显示，产业价值共创和运营能力的组合有利于企业实现高债权融资，可以证明产业价值共创通过影响运营能力进而影响债权融资，但对知识共生对产业价值共创的影响作用未有体现，因此部分验证了假设 H4 的观点。至此，通过 fsQCA 方法分析了影响债权融资的前因构型，所得结论与原检验基本一致。

表 5-16　高 DF 构型

原因条件	构型		
	（1）	（2）	（3）
KI		●	●
IVC		●	●
OC	●		●
CC			
一致性	0.862	0.835	0.861
覆盖率	0.728	0.717	0.700
净覆盖率	0.088	0.077	0.060
总体一致性	0.810		
总体覆盖率	0.865		

注：●表示该条件存在，"空白"表示构型中该条件同时有存在和不存在两种情况。

综上，通过替换变量测量方法和更换假设检验方法，对本部分研究提出的所有假设进行了多次检验，结果与原检验一致，证明了本部分结论的可靠。

5.6　本章小结

本章以中小服务企业为调研对象，通过 350 份问卷实证检验了企业与产业利益相关者交易方式的创新对债权融资的影响，结果如表 5-17 所示，个别假设未得到支持，大部分假设均通过了实证检验。

表 5-17 研究假设实证结果汇总

假设编号	假设内容	检验结果
H1	知识共生与产业价值共创之间呈 U 形关系	支持
H2	产业价值共创在知识共生与债权融资之间起中介作用	支持
H3	运营能力在知识共生与债权融资之间起中介作用	支持
H4	产业价值共创和运营能力在知识共生与债权融资之间起链式中介作用	支持
H5	合作契约在知识共生与产业价值共创之间起负向调节作用	支持
H6	合作契约负向调节产业价值共创在知识共生与债权融资之间的中介作用	不支持

接下来针对此结果展开进一步的讨论。

第一，知识共生与产业价值共创之间呈 U 形关系。当知识共生关系比较弱时，无论是对企业还是对产业利益相关者而言，双方都不是彼此能够深度依赖而互相融合的伙伴。组织以追求经济利益为主，理性的思维会告知他们这样的交易关系可能不值得他们投入过多，因此，为了减少成本、降低风险，他们倾向于选择弱化价值共创。所以，如果企业期望与关键产业合作伙伴进行深度的资源整合的价值共创，就需要建立强知识共生关系，只有真正的深层次的互补，才有可能形成利益共同体，促使双方互相支持、互相帮助、深入整合。

第二，产业价值共创和运营能力均在知识共生与债权融资的关系中起中介作用。这表明知识共生对产业价值共创和运营能力均有促进作用，与现有共生研究相吻合。知识共生关系会推动各方共创价值共同受益，有利于提升组织运营效率、优化产业链结构。而产业价值共创与运营能力都是表明企业质量信息的优质信号，向债权市场的投资者传递了企业经营状况稳定、抗风险能力强等信息，能够解决借贷双方的信息不对称问题，增强了债权市场投资者回收资金的信心，有利于企业获得债权融资。

第三，企业与产业利益相关者之间的知识共生通过促使产业利益相关者价值共创而提升组织运营能力，进而帮助企业获取债权融资。这条链式中介路径揭示了基于产业利益相关者角度的商业模式创新对融资可得性影响的过程机制。知识共生强调组织间知识的互补、文化的兼容，为实现产业价值共创提供了前提条件。在该条件下，各产业利益相关者会为了获得更大的收益同时降低市场风险而积极进行价值共创。价值共创会加快企业对产业链资源的整合与配置，从而促使企业更好满足消费者需求并应对环境变化，极大地提升了组织的运营能力。组织运营能力是企业有效配置资源、面对动态环境依然能够稳定发展的表现，这样的"稳"会有利于企业获得债权融资。

第四，合作契约会负向调节知识共生与产业价值共创之间的关系。为了防止合作伙伴的机会主义行为，企业经常会制定详细的合作契约以保障各方利益的实现。但是当企业与产业利益相关者之间的交易方式是知识共生关系时，合作契约带来的不信任会损害产业利益相关者与企业构建命运共同体的愿景，不利于产业价值共创。因此，企业需要制定基于信任的契约。陈春花和朱丽（2019）指出，基于信任的契约就是要结构设计与激励体系相结合。

6 授权赋能与内源融资可得性研究

本书第 3 章将企业与员工的交易方式创新确定为授权赋能,本章将在明确授权赋能、员工价值共创、创新能力、内部控制、内源融资等相关概念的基础上,研究授权赋能、员工价值共创、创新能力、内部控制及内源融资之间的关系,提出相应假设,并以中小服务企业为样本进行实证检验。

6.1 相关概念

6.1.1 授权赋能

目前学术界存在两种授权赋能概念:第一种将授权赋能根植于组织环境当中,将其定义为"一套实践,包括将责任下放给下级,使其在执行工作任务时享有更大的决策权";第二种认为授权赋能是一种基于员工感知的四维度心理状态,通常称为心理授权(Ahearne 等,2005)。Leach 等(2003)恰当区分了这两种概念,指出第二种概念是第一种概念的结果,即通过情境的授权赋能产生心理授权。本章将基于第一种概念,探讨授权赋能对员工价值共创、创新能力的影响。

6.1.2 员工价值共创

随着经济的发展和顾客地位的提升,企业与顾客之间不再是简单的买卖关系，而是合作共赢的伙伴，企业需要与顾客进行价值共创。已有研究重点关注顾客价值共创，探讨如何通过外界刺激促使顾客参与价值共创。但价值共创是一个相互影响的过程，其主体包括顾客与企业两方，价值共创的质量取决于企业与顾客的接触过程（Fitzpatrick 等，2015）。对于服务业，由于员工与顾客接触密切，因此，他们在价值共创活动中扮演着重要角色，是价值共创过程的重要人力资本（Fitzpatrick 等，2013），他们的价值共创意愿会直接影响企业与顾客交互的程度。大量研究证实，当员工愿意与顾客深度互动、保持良好关系、进行价值共创时，会促使顾客参与价值共创（Yi 和 Gong，2013；Baumann 和 Le，2014）。而顾客参与价值共创使得与其密切接触的员工获得大量顾客资源，依据服务主导逻辑，顾客资源是企业获得竞争优势的根本资源，当员工愿意将顾客资源及时反馈给企业时，企业才有可能对顾客资源进行高效整合，为顾客提供个性化服务体验，进而提升核心竞争力。根据 Ballantyne 和 Varey（2006）、孙永波等（2018）、王新新和万文海（2012）、张婧和邓卉（2013）的研究，价值共创包括互动、关系和知识共享 3 个维度，因此，本书将"员工价值共创"定义为"员工与顾客互动、关系管理、获得顾客资源共享给企业的程度"。

6.1.3 创新能力

服务企业的创新主要表现为服务创新。服务创新对于服务企业可持续发展至关重要，企业通过服务创新能够更好满足不断升级的顾客需求，实现企业盈利。Menor 等（2002）的研究显示，服务企业 24.1% 的收入来源于近五年内的服务创新。服务创新是指为了响应顾客的个性化需求而开发新产品、新服务，以及对现有产品或服务进行不断改进的过程。服务创新强调顾客导向，需要与顾客不断交流获取顾客知识进行创新（简兆权和肖霄，2015）。服务业的员工与顾客接触密切，在企业服务创新过程中发挥着关键作用（陈岩等，2020）。服务企业的创新能力主要体现为员工的服务创新情况。因此，本书将通过考察员工的服务创新情况来确定企业的创新能力。

6.1.4 内部控制

我国《企业内部控制应用指引第 3 号》明确提出，为了发挥人力资源的重要作用，企业在进行内部控制设计时应当建立和完善人力资源的激励约束机制，即内部控制制度包含对于人力资源的激励和约束。然而内部控制制度分为行为控制和结果控制两类，不同的内部控制制度对于人力资源的激励约束表现不同。当公司以企业战略为导向，关注目标实现的过程时，会倾向于选择行为控制，行为控制主要通过制定过程考核标准、对过程进行奖励来激励约束员工以实现组织目标，要求员工对企业文化、企业产品与服务都要有深层次的了解；当公司强调短期财务绩效的实现时，会选择结果控制，结果控制通过制定大量高标准的规则、对结果进行奖励以激励约束员工，确保财务目标的实现（Su 和 Wang, 2018）。因此，本书将分别讨论行为控制和结果控制对员工价值共创的影响。

6.1.5 内源融资

内源融资是指企业根据自身经营的成果，将留存收益转化为企业再发展资金的融资形式。根据优序融资观点，当外部投资者与企业存在信息不对称时，企业会通过内源融资的方式解决资金问题。内源融资对于企业盈利质量有较高的要求，企业盈利质量高，才意味着企业能有较多的资金结余用来再发展。现有研究表明，创新项目评估的不确定性增加了债权融资的困难，且创新能力还不足以向股权市场发送确定的投资信号，因此创新能力强的企业有可能由于盈利质量的提升而进行内源融资。

6.2 研究假设

6.2.1 授权赋能、员工价值共创与创新能力

授权赋能会给予员工资源。当授权赋能程度较低时，给予员工的资源与权力较少。而顾客需求的多样性与复杂性增加了价值共创的难度，价值共创需要员工投入大量资源。因此在面对较少的工作资源时，如果员工进行价值共创，就意味着需要投入大量的个人资源，如牺牲业余时间等。Hobfoll（2001）提出了资源保存理论，认为个体总会努力获取和保存资源。根据资源保存理论，个体对资源损

失更加敏感，他们会基于享乐主义倾向，选择更适宜的工作内容以避免资源损耗。因此，被赋予较少工作资源的个体会为了保持个人资源、避免情绪耗竭，而对价值共创的态度不积极。

然而，随着授权赋能程度的增强，给予员工的工作资源越来越多。由于价值共创实现的前提条件是向顾客提供产品、服务、信息等资源（吴瑶等，2017），因此拥有更多工作资源的员工具备了价值共创参与的资源基础。根据资源保存理论，拥有更多资源的员工，不但不容易遭受资源损失，还更有可能为获取更多资源进行资源投资表现出更积极的工作态度。对于服务业员工，则会将资源更多用于服务顾客，与顾客深入互动、保持与顾客的良好关系等，与顾客的深入交互会增加顾客价值共创的意愿，促使顾客投入自己的资源，进而使得员工通过资源投资获取顾客资源。同时，较高程度的授权赋能会让员工感到被组织重视，类似获得了非经济性报酬，会增强员工对组织的归属感和认同感，诱发员工产生回报组织的义务感。因此，员工会将获取的顾客资源及时共享给企业，实现顾客与企业共同创造价值。员工的上述状态是其积极的价值共创的体现。

根据以上讨论，本书提出如下假设：

H1：授权赋能与员工价值共创之间呈 U 形关系。

此外，员工积极的价值共创使得他们能够快速把握顾客需求的变化，通过比较现有产品和服务与顾客需求之间的差异，员工会产生弥补现有不足的创意想法。与顾客的紧密联系，又使得员工获得来自组织外的异质性顾客资源，该资源为员工将创意想法落地提供了支持，促使了员工创新行为的产生（Li 和 Hsu，2018）。已有研究表明，整合顾客资源是员工实现创新的重要途径。同时，员工积极的价值共创使得他们对于顾客个性化需求的理解非常深刻，对于顾客的深入了解有利于说服企业组织支持创新，保证创新的实施。因而，积极的价值共创会促使员工产生可实现、具有创造性和以客户为中心的服务创新（Hsieh，2016），提升了企业的创新能力。

根据以上讨论，本书提出如下假设：

H2：员工价值共创在授权赋能与创新能力之间起中介作用。

6.2.2　授权赋能、创新能力与内源融资

已有大量研究证实了授权赋能与员工创新之间的正相关关系。李伟和梅继霞

(2018）以中国电力企业为研究对象，指出授权赋能为员工提供更多选择和参与决策的机会，导致高水平创新。Naqshbandi 等（2019）认为授权赋能能够促使员工目标与组织目标相一致，赋予自主性和决策权使得员工能够主动探索和评估新知识，有利于创新。Dedahanov 等（2019）对已有研究进行总结，从四个方面阐述了授权赋能有利于创新的机制：第一，授权赋能会促使员工认为他们可以控制组织事务并且能够为了达到预期目标对组织事务进行改变，这种对于组织事务的影响力会导致创新的产生；第二，依据自我决定理论，授权赋能带来的自主工作环境会考虑员工的观点、感受，并通过给予他们选择和信息来消除压力，工作中的自主性对识别并增强员工的创造力至关重要；第三，授权赋能促使员工认为自己已获得足够的能力，会更有信心完成工作，进而增加对工作的兴趣和活力，倾向于创造，反过来改善了创新；第四，授权赋能让员工体会到了工作的意义，会带来高水平的内在动机，进而提升他们的创新能力。服务创新是指为了响应顾客的个性化需求而开发新产品、新服务，以及对现有产品或服务进行不断改进的过程。服务创新强调通过与顾客不断交流进行创新（简兆权和肖霄，2015）。对于服务型企业，与顾客直接接触的主要是员工，授权赋能会给予员工更多的决策权和自主权，使员工感到被组织重视，从而增强对工作的兴趣，产生工作活力，将会愿意付出更多工作时间与顾客交流进行创新；同时，授权赋能会为员工创造更多学习的机会，促使员工掌握更多与服务相关的知识和技能，从而在与顾客交流中能更加有效识别顾客需求、及时感知顾客需求变化，为了有效处理顾客需求会进行更加广泛的思考，进而进一步提升了企业的创新能力（Wallace 等，2016）。

服务创新来源于与顾客的不断交流，开发的新产品和新服务能够更好满足顾客的个性化需求，降低了市场反应的不确定性，可以维持企业的经营业绩。另外，服务创新传递的是以顾客为中心的经营理念，有助于企业与顾客形成更加稳定的顾企关系，稳定的顾企关系会增加顾客黏度、提升顾客忠诚度，有利于企业经营业绩的提升。企业经营业绩的维持与提升会为企业带来较为充沛的经营现金流量，而且服务类企业应收账款相对较少，因此企业的盈利质量较为优异。在该种情况下，根据优序融资观点，企业会通过内源融资的方式获取资金以实现进一步发展。陈昆玉（2015）的研究显示，创新能力越强的企业进行内源融资的额度越大，这可能是由于创新项目评估的不确定性增加了债权融资的困难，且企业创新能力还不足以向股权市场发送确定的投资信号。

根据以上讨论，本书提出如下假设：

H3：创新能力在授权赋能与内源融资之间起中介作用。

6.2.3　授权赋能、员工价值共创、创新能力与内源融资

授权赋能给予员工更多的资源和非经济性报酬，激发了员工的价值共创。拥有价值共创意愿的员工能够快速甄别顾客的个性化需求并获得顾客的异质性资源，提升了以客户为中心的服务创新能力。这样的服务创新能力降低了市场反应的不确定性，增加了创新成功的概率，有利于企业经营业绩的持续增长。企业经营业绩的提升为企业带来了较为充沛的经营现金流量，促使企业可以通过内源融资的方式获取资金以实现进一步发展。

根据以上讨论，本书提出如下假设：

H4：员工价值共创和创新能力在授权赋能与内源融资之间起链式中介作用。

6.2.4　内部控制对授权赋能与员工价值共创关系的调节作用

内部控制制度分为行为控制和结果控制两类。行为控制注重员工对企业的长期贡献，会促进团队成员间的沟通交流，实现资源的流通与共享（史丽萍等，2013）。授权赋能提供的资源不一定是员工所需要的，通过资源的流通与共享，员工获得了自己需要的工作资源，基于资源保存理论，该资源会促使员工产生更加积极的工作态度，更愿意进行价值共创。Tepper 等（2018）的研究也表明，所需资源与所获资源的匹配，会产生更加积极的结果。结果控制关注短期财务绩效的实现，会为员工制定高标准的绩效指标，该指标的完成有一定的难度且时间紧迫，促使员工产生较大的工作与心理压力，让员工产生资源丧失的感知（魏巍等，2020）。根据资源保存理论，资源丧失比资源获取对个体产生的心理作用更加明显，个体会为了避免资源损失而致力于安全地完成任务，导致态度比较保守，即使领导授权赋能给予了资源，也仅仅局限于完成绩效指标，倾向于向顾客推销已有产品，而并不会去深层次地与顾客互动了解顾客的个性化需求，表现为价值共创不积极。

另外，价值共创强调的是深入互动和资源整合，是企业与顾客维系长期关系而进行的过程。行为控制注重过程奖励，因此在行为控制机制下，员工会抓住授

权赋能带来的资源积极参与价值共创以获得组织的肯定和过程奖励。向姝婷等（2020）的研究也表明，授权赋能在企业注重过程任务时会产生更加显著的正向影响效应。结果控制关注短期财务指标，已有研究表明，顾客需求的多样性与复杂性增加了价值共创的难度，需要员工投入大量的时间与精力（关新华和谢礼珊，2019），短期内通过价值共创提升员工个人绩效并非易事，因此在结果控制机制下，即使授权赋能给予资源，由于无法保证结果绩效的实现以获得组织奖励，员工参与价值共创的积极性会降低。

根据以上讨论，本书提出如下假设：

H5：行为控制正向调节授权赋能对员工价值共创的影响关系，即相对于低行为控制，高行为控制下的授权赋能对员工价值共创的影响作用更强。

H6：结果控制负向调节授权赋能对员工价值共创的影响关系，即相对于高结果控制，低结果控制下的授权赋能对员工价值共创的影响作用更强。

6.2.5 内部控制对授权赋能、员工价值共创与创新能力关系的中介调节

当企业采用行为控制时，由于注重过程奖励，会促使员工抓住授权赋能获得的资源积极参与价值共创，而价值共创获得的顾客资源会进一步提升企业的服务创新能力。而当企业采用结果控制时，由于注重短期绩效指标，会迫使员工关注眼前利益，以完成任务为导向，不去充分利用授权赋能带来的资源，不愿花费过多精力和时间与顾客进行深入互动，价值共创参与不积极，因而导致无法获得顾客提供的异质性资源，资源的匮乏会限制服务创新能力的提升。

根据以上讨论，本书提出如下假设：

H7：行为控制正向调节员工价值共创在授权赋能与创新能力关系中的中介作用。

H8：结果控制负向调节员工价值共创在授权赋能与创新能力关系中的中介作用。

根据上述分析，本书构建了一个有调节的链式中介模型，探寻企业与员工之间的授权赋能对于企业内源融资的影响路径及条件。具体研究模型如图6-1所示。

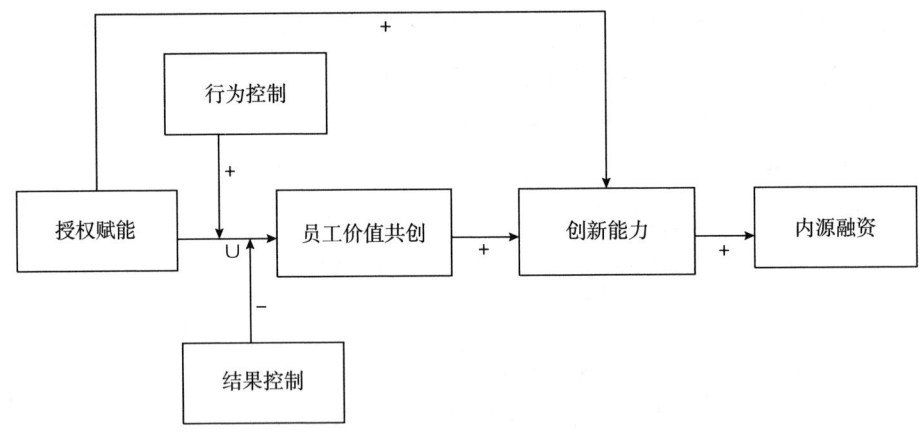

图 6-1 员工角度的研究模型

6.3 研究设计

6.3.1 变量测量

本书根据已有研究成果对各变量进行测量。除控制变量外，对所有的测量题项，均采用李克特 5 点计分法进行测度，其中 1 表示"完全不同意"，5 表示"完全同意"。

授权赋能（EMP）采用王辉等（2008）开发的量表，包含 24 个题项。内部控制制度依据史丽萍等（2013）的研究，行为控制（BC）包括 3 个题项，结果控制（RC）包含 4 个题项。员工价值共创（EVC）依据 Ballantyne 和 Varey（2006）、孙永波等（2018）、王新新和万文海（2012）、张婧和邓卉（2013）的量表，结合本书研究选择 9 个题项进行测度。对于创新能力（IA），运用员工创新情况衡量，采用 Susanne 和 Bruce（1994）开发的量表，包含 6 个题项。内源融资（IF）可以用企业当期获得的内源融资金额数据直接测量，但非上市公司此类数据一般保密，因此本书参照项国鹏等（2019）、Song 等（2019）的研究运用自我感知的内源融资获得情况进行替代测量，包含 6 个题项。

对于控制变量，参照周中胜等（2015）、卢强等（2019）的研究，对企业规模（ES）、企业成立年限（EY）及产权性质（PN）进行控制。根据国家工信部中小企业司 2011 版的标准，从业人员 1000 人以下为中小企业。因此具体的测度为：1~20 人 =1，21~50 人 =2，51~100 人 =3，101~500 人 =4，501~1000 人 =5；<1 年 =1，1~4 年 =2，5~7 年 =3，8~15 年 =4，>15 年 =5；产权性质为国有 =1，产权性质为非国有 =2。

各变量的具体测量题项如表 6-1 所示。

表 6-1 各变量的测量量表

变量	测量题项	文献来源
授权赋能	我的主管很关心我的个人成长和职业生涯的规划	王辉等（2008）
	我的主管经常给我提供培训和学习的机会	
	我的主管允许我工作中出现失误，使我能够从中学到东西	
	我的主管会因为我工作任务完成出色而为我争取升职的机会	
	我的主管会因为我工作任务完成出色而为我争取加薪的机会	
	我的主管经常为我创造露脸和锻炼的机会	
	我的主管会定期抽查我的工作是否在顺利地进行	
	我的主管不干涉我职权范围内的工作	
	我的主管充分授权，让我全面负责我所承担的工作	
	我的主管给我相应的权限，让我在工作中能自主决策	
	我的主管为我设定工作目标，并要求我确保完成	
	我的主管按时考核我的工作是否完成	
	在工作中遇到问题时，我的主管积极倾听我的意见和建议	
	在做决策时，我的主管尊重和重视我的建议	
	我的主管经常创造机会使我能充分发表自己的意见	
	涉及我和我的工作时，我的主管在做决策前会征求我的意见	
	我的主管经常鼓励我，增强我的信心	
	当我在工作中遇到困难时，我的主管会及时给予帮助	
	我的主管对我的工作给予足够的支持	
	我的主管会严肃地指出我工作中的过错	
	我的主管会因为我没完成工作目标而给予批评	
	我的主管经常询问我的工作进展情况	
	我的主管注重工作目标	
	我的主管注重工作结果	

续表

变量	测量题项	文献来源
行为控制	与财务回报相比,我的公司更注重战略收益	史丽萍等(2013)
	我公司的管理层经常和员工交流竞争者的信息	
	我的公司强调创新的重要性,认为创新比短期财务回报重要	
结果控制	我的公司设置很高的财务目标	史丽萍等(2013)
	我的公司要求很高的产品销售收入	
	我的公司对团队短期发展的要求很高	
	我的公司对基于个人短期绩效的薪酬增长要求很高	
员工价值共创	我会积极与公司分享我获得的想法和意见,以帮助公司进一步改进其产品和服务	Ballantyne 和 Varey(2006); 孙永波等(2018); 王新新和 万文海(2012); 张婧和邓卉(2013)
	我会积极响应客户提出的问题	
	我会与顾客进行积极的交流和沟通	
	我会主动与顾客一起制订服务计划	
	我对顾客坦诚相待	
	对我来说,保持与顾客的关系很重要	
	我会主动为顾客解决问题	
	为了维系与顾客的关系,我会适时调整	
	"合作与让步"是维系良好客户关系的关键因素	
创新能力	我会搜索新技术、新流程或新的产品创意	Susanne 和 Bruce(1994)
	我会为公司提出新想法、新创意	
	我会向他人宣传创意,会支持他人创意	
	我会调查并努力落实新想法所需的资金	
	我会为新想法的实施制订适当的计划和时间表	
	我认为自己的行为经常是创新的	
内源融资	我们公司的内源融资满足程度高	项国鹏等(2019)、 Song 等(2019)
	与行业相比,我们公司内源融资满足程度高	
	我们公司的内源融资大概能够满足融资目标	
	我们公司的内源融资能力强	
	与行业相比,我们公司内源融资能力强	
	我们公司经常运用内源融资补充企业发展资金	
控制变量	企业规模	周中胜等(2015); 卢强等(2019)
	企业成立年限	
	产权性质	

6.3.2 检验模型

本书构建如下6个数学模型,模型(1)、模型(2)用来检验授权赋能对员工价值共创的影响关系,即假设H1;模型(3)~模型(6)用来检验行为控制、结果控制对授权赋能与员工价值共创关系之间的调节作用,即假设H5和H6。假设H2、假设H3、假设H4、假设H7和假设H8运用Bootstrap抽样检验方法进行检验,未构建数学模型。

$$EVC = \alpha_0 + \alpha_1 ES + \alpha_2 EY + \alpha_3 PN + \alpha_4 EMP + \varepsilon \quad (1)$$

$$EVC = \beta_0 + \beta_1 ES + \beta_2 EY + \beta_3 PN + \beta_4 EMP + \beta_5 EMP^2 + \theta \quad (2)$$

$$EVC = \pi_0 + \pi_1 ES + \pi_2 EY + \pi_3 PN + \pi_4 EMP + \pi_5 BC + \pi_6 EMP \times BC + \eta \quad (3)$$

$$EVC = \kappa_0 + \kappa_1 ES + \kappa_2 EY + \kappa_3 PN + \kappa_4 EMP^2 + \kappa_5 BC + \kappa_6 EMP^2 \times BC + \mu \quad (4)$$

$$EVC = \gamma_0 + \gamma_1 ES + \gamma_2 EY + \gamma_3 PN + \gamma_4 EMP + \gamma_5 RC + \gamma_6 EMP \times RC + \upsilon \quad (5)$$

$$EVC = \lambda_0 + \lambda_1 ES + \lambda_2 EY + \lambda_3 PN + \lambda_4 EMP^2 + \lambda_5 RC + \lambda_6 EMP^2 \times RC + \delta \quad (6)$$

6.3.3 预调研

为了保证量表更加贴合本书的研究背景,在正式调研前笔者进行了预调研。预调研发放问卷150份,有效问卷124份,有效问卷回收率82.67%。运用SPSS25.0对初始量表进行信度和效度检验时,发现在对授权赋能和员工价值共创2个构念测量时,授权赋能存在5个题项,员工价值共创存在3个题项,如删除这些题项,信度和效度会有显著改善。由此,授权赋能量表删除"我的主管会严肃地指出我工作中的过错""我的主管会因为我没完成工作目标而给予批评""我的主管经常询问我的工作进展情况""我的主管注重工作目标""我的主管注重工作结果"5个题项,剩余19个题项;员工价值共创量表删除"我会主动为顾客解决问题""为了维系与顾客的关系,我会适时调整""'合作与让步'是维系良好客户关系的关键因素"3个题项,剩余6个题项。从而得到本书的正式量表。

6.3.4 研究样本与数据采集

选择注重商业模式创新的中小服务企业进行调研,通过个人关系向调研企业的员工现场发放纸质问卷或线上推送电子问卷。考虑到员工层面对企业融资概念不一定非常了解，因此无论是在线上还是线下推送问卷时，都会对调研对象详细讲解内源融资相关题项的含义，以尽可能保证调研结果的可靠。数据的收集从2020年8月持续至10月，共计收回550份问卷，剔除无效问卷后，剩余有效问卷396份，有效问卷回收率72%。样本企业特征见表6-2。根据回收的有效问卷，国有企业占比54.29%，非国有企业占比45.71%；调研企业的规模集中于21~500人，21~50人的企业占比19.44%，51~100人的占比40.91%，101~500人的占比21.46%；成立年限以1~7年为主，1~4年的企业占比33.08%，5~7年的占比34.85%。调查的样本企业分布在陕西、上海、广东、贵州、黑龙江、湖南等11个省市。总体来说，样本符合本书的要求。

表6-2 样本特征

类别	特征	样本数	占比（%）	类别	特征	样本数	占比（%）
企业规模	1~20人	42	10.61	产权性质	国有	215	54.29
	21~50人	73	19.44		非国有	181	45.71
	51~100人	147	40.91	来源地	陕西	60	15.24
	101~500人	78	21.46		广东	58	14.63
	501~1000人	56	7.58		上海	46	11.59
企业成立年限	<1年	27	6.82		黑龙江	41	10.37
	1~4年	131	33.08		湖南	31	7.93
	5~7年	138	34.85		贵州	29	7.32
	8~15年	65	16.41		山西	28	7.12
	>15年	35	8.84		其他	103	26.01

6.3.5 共同方法偏差和信度、效度检验

6.3.5.1 共同方法偏差

本书的调查问卷是由服务企业员工个人填写，可能存在同源数据的共同方法偏差问题，因此选择Harman单因子对此进行检验。对所有变量的测量题项进行主成分分析，旋转后的第一个公因子解释的方差比例为23.512%（小于50%），说明研究结果不会受到同源数据的显著影响。

6.3.5.2 信度、效度检验

本书运用SPSS25.0和AMOS17.0对量表进行信度和效度检验。如表6-3所

示，各变量的 Cronbach'α 系数和 CR 值均大于 0.7，大于 0.6 的可接受水平，说明量表具有良好的内部一致性，信度较高。各变量的 KMO 值均大于 0.6，巴特利特球形检验的 p 值为 0，说明各题的内容可以提取出大部分题项信息。对量表整体进行 KMO 检验和巴特利特球形检验，KMO 值为 0.879，大于 0.6，巴特利特球形检验的 p 值为 0，表明问卷具有结构效度，可以进行因子分析。在此基础上，运用 AMOS17.0 进行验证性因子分析，各变量测量题项的因子载荷系数均大于 0.5，并且在 p 值为 0 的条件下具有统计显著性，表明量表具有聚合效度。表 6-4 的变量相关系数显示，所有变量的 AVE 的平方根均大于其与其他变量的相关系数，表明度量具有区别效度。因此，综合来看本书采用的量表具有较好的信度和效度。

表 6-3 量表的信度和效度检验

变量	测量题项	因子载荷	Cronbach'α 系数	KMO	CR
授权赋能（EMP）	EMP1	0.670***	0.922	0.914	0.923
	EMP2	0.655***			
	EMP3	0.526***			
	EMP4	0.521***			
	EMP5	0.620***			
	EMP6	0.665***			
	EMP7	0.644***			
	EMP8	0.677***			
	EMP9	0.614***			
	EMP10	0.658***			
	EMP11	0.661***			
	EMP12	0.518***			
	EMP13	0.645***			
	EMP14	0.668***			
	EMP15	0.602***			
	EMP16	0.633***			
	EMP17	0.592***			
	EMP18	0.625***			
	EMP19	0.593***			

续表

变量	测量题项	因子载荷	Cronbach'α 系数	KMO	CR
行为控制（BC）	BC1	0.849***	0.880	0.726	0.883
	BC2	0.814***			
	BC3	0.871***			
结果控制（RC）	RC1	0.903***	0.932	0.852	0.933
	RC2	0.865***			
	RC3	0.853***			
	RC4	0.902***			
员工价值共创（EVC）	EVC1	0.555***	0.719	0.793	0.722
	EVC2	0.616***			
	EVC3	0.575***			
	EVC4	0.501***			
	EVC5	0.509***			
	EVC6	0.588***			
创新能力（IA）	IA1	0.584***	0.749	0.805	0.750
	IA2	0.574***			
	IA3	0.554***			
	IA4	0.590***			
	IA5	0.537***			
	IA6	0.630***			
内源融资（IF）	IF1	0.680***	0.801	0.808	0.802
	IF2	0.577***			
	IF3	0.601***			
	IF4	0.667***			
	IF5	0.653***			
	IF6	0.625***			

注：***表示 $p<0.001$。

表6-4 Pearson 相关与 AVE 平方根值

	1	2	3	4	5	6
1 授权赋能	**0.623**					
2 行为控制	0.155	**0.846**				

续表

	1	2	3	4	5	6
3 结果控制	-0.186	-0.841	**0.882**			
4 员工价值共创	0.247	0.105	-0.069	**0.552**		
5 创新能力	0.244	0.142	-0.153	0.312	**0.578**	
6 内源融资	0.016	0.051	-0.028	0.058	0.007	**0.637**

注：对角线上方为平均变异量抽取值的平方根；对角线下方为潜变量间相关系数。

6.4 实证结果与分析

6.4.1 描述性统计与相关分析

利用SPSS25.0进行描述性统计和相关性分析。各变量的均值、标准差和相关系数如表6-5所示。Pearson相关系数显示，授权赋能与行为控制、结果控制、员工价值共创及创新能力之间均具有显著的相关关系，行为控制与结果控制具有显著的相关关系，创新能力与行为控制、结果控制及员工价值共创之间都具有显著的相关关系。接下来本书将通过层次回归模型和Bootstrap抽样做进一步检验。

表6-5 各变量的均值、标准差和相关系数

	平均值	标准差	1	2	3	4	5	6	7	8	9
1 企业规模	2.997	1.153	1								
2 企业成立年限	2.874	1.053	0.471***	1							
3 产权性质	1.457	0.499	0.068	0.052	1						
4 授权赋能	4.018	0.560	0.028	0.065	-0.002	1					
5 行为控制	3.997	1.046	0.074	0.092	0.009	0.155**	1				
6 结果控制	2.056	1.089	-0.059	-0.108*	-0.010	-0.186***	-0.841***	1			
7 内源融资	4.097	0.526	0.019	0.091	-0.067	0.247***	0.105*	-0.069	1		
8 创新能力	4.078	0.562	0.037	0.077	-0.038	0.244***	0.142**	-0.153**	0.312***	1	
9 员工价值共创	3.735	0.697	0.122*	0.192***	-0.007	0.016	0.051	-0.028	0.058	0.007	1

注：*表示$p<0.05$，**表示$p<0.01$，***表示$p<0.001$。

6.4.2 假设检验

本书选用层次回归和 Bootstrap 抽样检验方法进行假设检验。中介效应各模型的方差膨胀因子（VIF）在 1.011~1.301，调节效应各模型的方差膨胀因子在 1.010~3.477，VIF 值均小于 10，意味着不存在多重共线性问题，研究结果可靠。

6.4.2.1 授权赋能对员工价值共创的影响检验

运用层次回归方法进行 U 形关系检验。表 6-6 的模型 2 显示，授权赋能显著正向影响员工价值共创（β=0.227，p<0.001）。模型 3 显示，在加入授权赋能平方项后，授权赋能显著负向影响员工价值共创（β=-1.820，p<0.001），授权赋能平方项显著正向影响员工价值共创（β=0.308，p<0.001），因此假设 H1 得到证实，授权赋能与员工价值共创间是 U 形关系。

表 6-6 授权赋能对员工价值共创的影响检验

	模型 1	模型 2	模型 3
企业规模	-0.012 (-0.479)	-0.012 (-0.481)	-0.017 (-0.720)
企业成立年限	0.054 (1.888)	0.046 (1.648)	0.023 (0.874)
产权性质	-0.074 (-1.405)	-0.073 (-1.422)	-0.077 (-1.595)
授权赋能		0.227*** (4.944)	-1.820*** (-6.758)
授权赋能²			0.308*** (7.697)
R^2	0.014	0.072	0.194
调整后的 R^2	0.006	0.063	0.184
F 值	1.852	7.584***	18.821***
ΔR^2	0.014	0.058	0.122
ΔF 值	1.852	24.446***	59.249***

注：* 表示 p<0.05，** 表示 p<0.01，*** 表示 p<0.001，括号里面的数据为 t 值，下表同。

6.4.2.2 员工价值共创、创新能力中介效应检验

使用 Bootstrap 抽样检验方法进行中介效应研究，抽样次数为5000次，置信水平95%。如表6-7所示，针对"授权赋能⇒员工价值共创⇒创新能力"这条中介路径，95%置信区间并不包括数字0（95%CI：0.046~0.125），说明此条中介效应路径存在。针对"授权赋能^2⇒员工价值共创⇒创新能力"这条中介路径，95%置信区间并不包括数字0（95%CI：0.061~0.133），说明此条中介效应路径存在。针对"授权赋能⇒创新能力⇒内源融资"这条中介路径，95%置信区间并不包括数字0（95%CI：0.006~0.027），说明此条中介效应路径存在。针对"授权赋能^2⇒创新能力⇒内源融资"这条中介路径，95%置信区间并不包括数字0（95%CI：0.014~0.031），说明此条中介效应路径存在。针对"授权赋能⇒员工价值共创⇒创新能力⇒内源融资"这条中介路径，95%置信区间并不包括数字0（95%CI：0.003~0.010），说明此条链式中介效应路径存在。针对"授权赋能^2⇒员工价值共创⇒创新能力⇒内源融资"这条中介路径，95%置信区间并不包括数字0（95%CI：0.003~0.011），说明此条链式中介效应路径存在。因此，员工价值共创与创新能力在授权赋能、授权赋能平方项与内源融资间的关系中均具有中介作用，假设H2、H3及H4得到验证。

表6-7 中介效应

路径	BootLLCI	BootULCI
授权赋能⇒员工价值共创⇒创新能力	0.046	0.125
授权赋能^2⇒员工价值共创⇒创新能力	0.061	0.133
授权赋能⇒创新能力⇒内源融资	0.006	0.027
授权赋能^2⇒创新能力⇒内源融资	0.014	0.031
授权赋能⇒员工价值共创⇒创新能力⇒内源融资	0.003	0.010
授权赋能^2⇒员工价值共创⇒创新能力⇒内源融资	0.003	0.011

6.4.2.3 行为控制、结果控制调节效应检验

为了避免自变量与交互变量相关性过高产生共线性问题，本书将授权赋能、授权赋能平方项、行为控制和结果控制进行中心化处理，然后生成授权赋能×行为控制、授权赋能×结果控制、授权赋能平方项×行为控制、授权赋能平方项×结果控制的交互变量。表6-8的模型3显示，当把授权赋能、行为控制、授权赋能

与行为控制的交互变量全部放入回归方程时，授权赋能与行为控制的交互变量正向影响员工价值共创（β=0.094，p<0.05）；模型6显示，当把授权赋能、结果控制、授权赋能与结果控制的交互变量全部放入回归方程时，授权赋能与结果控制的交互变量负向影响员工价值共创（β=-0.075，p<0.1）。表6-9的模型3显示，当把授权赋能平方项、行为控制、授权赋能平方项与行为控制的交互变量全部放入回归方程时，授权赋能平方项与行为控制的交互变量正向影响员工价值共创（β=0.680，p<0.05）；模型6显示，当把授权赋能平方项、结果控制、授权赋能平方项与结果控制的交互变量全部放入回归方程时，授权赋能平方项与结果控制的交互变量负向影响员工价值共创（β=-0.537，p<0.1）。因此，行为控制在授权赋能、授权赋能平方项与员工价值共创间均具有正向调节作用，结果控制在授权赋能、授权赋能平方项与员工价值共创间均具有负向调节作用，假设H5和H6得到证实。

表6-8 调节效应（因变量：员工价值共创/自变量：授权赋能）

变量	行为控制调节效应			结果控制调节效应		
	模型1	模型2	模型3	模型4	模型5	模型6
企业规模	-0.012 (-0.481)	-0.013 (-0.527)	-0.012 (-0.496)	-0.012 (-0.481)	-0.012 (-0.484)	-0.009 (-0.361)
企业成立年限	0.046 (1.648)	0.044 (1.574)	0.045 (1.639)	0.046 (1.648)	0.045 (1.613)	0.042 (1.517)
产权性质	-0.073 (-1.422)	-0.073 (-1.427)	-0.069 (-1.342)	-0.073 (-1.422)	-0.073 (-1.422)	-0.073 (-1.413)
授权赋能	0.227*** (4.944)	0.218*** (4.699)	0.239*** (5.122)	0.227*** (4.944)	0.224*** (4.797)	0.244*** (5.140)
行为控制		0.032 (1.298)	0.045 (1.787)			
授权赋能×行为控制			0.094** (2.744)			
结果控制					-0.008 (-0.338)	-0.017 (-0.711)
授权赋能×结果控制						-0.075* (-2.043)
R^2	0.072	0.076	0.094	0.072	0.072	0.082

续表

变量	行为控制调节效应			结果控制调节效应		
	模型1	模型2	模型3	模型4	模型5	模型6
调整后的 R^2	0.063	0.064	0.08	0.063	0.06	0.068
F值	7.584***	6.415***	6.690***	7.584***	6.076***	5.800***
ΔR^2	0.072	0.004	0.018	0.072	0	0.01
ΔF值	7.584***	1.685	7.532**	7.584***	0.114	4.174*

注：*表示p<0.1，**表示p<0.05，***表示p<0.01，括号里面的数据为t值。

表6-9 调节效应（因变量：员工价值共创/自变量：授权赋能^2）

变量	行为控制调节效应			结果控制调节效应		
	模型1	模型2	模型3	模型4	模型5	模型6
企业规模	-0.012 (-0.484)	-0.013 (-0.531)	-0.012 (-0.496)	-0.012 (-0.484)	-0.012 (-0.487)	-0.009 (-0.366)
企业成立年限	0.046 (1.654)	0.044 (1.579)	0.045 (1.649)	0.046 (1.654)	0.045 (1.618)	0.042 (1.533)
产权性质	-0.073 (-1.416)	-0.073 (-1.422)	-0.069 (-1.343)	-0.073 (-1.416)	-0.073 (-1.417)	-0.073 (-1.412)
授权赋能^2	1.719*** (4.954)	1.652*** (4.714)	1.778*** (5.061)	1.719*** (4.954)	1.697*** (4.808)	1.834*** (5.110)
行为控制		0.033 (1.315)	0.045 (1.775)			
授权赋能^2×行为控制			0.680** (2.565)			
结果控制					-0.008 (-0.350)	-0.017 (-0.703)
授权赋能^2×结果控制						-0.537* (-1.920)
R^2	0.072	0.076	0.092	0.072	0.073	0.081
调整后的 R^2	0.063	0.064	0.078	0.063	0.061	0.067
F值	7.609***	6.445***	6.544***	7.609***	6.098***	5.731***
ΔR^2	0.072	0.004	0.015	0.072	0	0.009
ΔF值	7.609***	1.730	6.581**	7.609***	0.123	3.686*

注：*表示p<0.1，**表示p<0.05，***表示p<0.01，括号里面的数据为t值。

为了更直观地展示行为控制、结果控制对授权赋能与员工价值共创关系的调节作用，本书分别绘制了行为控制、结果控制的调节效应图。如图6-2所示，相比于低行为控制，高行为控制下授权赋能对员工价值共创的U形影响变得更为陡峭，说明行为控制在授权赋能对员工价值共创的非线性影响中起到正向调节作用。如图6-3所示，相比于低结果控制，高结果控制下授权赋能对员工价值共创的U形影响变得更为平缓，说明结果控制在授权赋能对员工价值共创的非线性影响中起到负向调节作用。

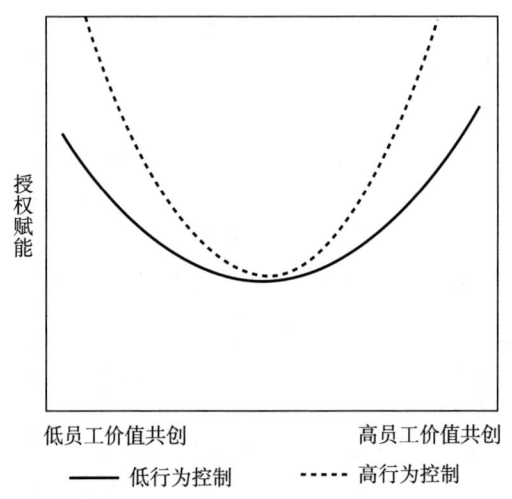

图6-2 行为控制在授权赋能与员工价值共创关系中的调节作用

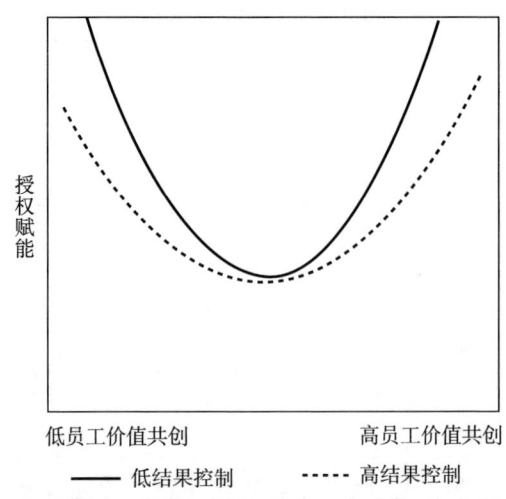

图6-3 结果控制在授权赋能与员工价值共创关系中的调节作用

6.4.2.4 行为控制、结果控制调节中介效应检验

运用Process程序的Bootstrap检验有调节的中介模型,即分析调节变量在不同水平时,中介作用的情况如何。如表6-10所示,在行为控制、结果控制取平均水平(行为控制=3.997,结果控制=2.056)时,当自变量是授权赋能时,Bootstrap 95%置信区间为0.032~0.124(行为控制)和0.025~0.032(结果控制),均不包括0;当自变量是授权赋能^{2}时,Bootstrap 95%置信区间为0.016~0.045(行为控制)和0.013~0.043(结果控制),均不包括0。这说明在平均水平下,授权赋能对创新能力影响时员工价值共创起中介作用。

表6-10 调节中介效应(因变量:创新能力)

自变量	中介变量	调节变量	水平	水平值	Effect	BootLLCI	BootULCI
授权赋能	员工价值共创	行为控制	低水平(-1SD)	2.951	0.040	0.008	0.109
			平均值	3.997	0.067	0.032	0.124
			高水平(+1SD)	5.044	0.095	0.038	0.174
		结果控制	低水平(-1SD)	0.967	0.092	0.037	0.032
			平均值	2.056	0.069	0.025	0.032
			高水平(+1SD)	3.145	0.046	0.025	0.014
授权赋能^2	员工价值共创	行为控制	低水平(-1SD)	2.951	0.029	0.012	0.046
			平均值	3.997	0.030	0.016	0.045
			高水平(+1SD)	5.044	0.032	0.012	0.052
		结果控制	低水平(-1SD)	0.967	0.022	0.001	0.042
			平均值	2.056	0.028	0.013	0.043
			高水平(+1SD)	3.145	0.034	0.017	0.052

在行为控制、结果控制取低水平(行为控制=2.951,结果控制=0.967)时,当自变量是授权赋能时,Bootstrap 95%置信区间为0.008~0.109(行为控制)和0.037~0.032(结果控制),均不包括0;当自变量是授权赋能^{2}时,Bootstrap 95%置信区间为0.012~0.046(行为控制)和0.001~0.042(结果控制),均不包括0。这说明在低水平下,授权赋能对创新能力影响时员工价值共创起中介作用。

在行为控制、结果控制取高水平(行为控制=5.044,结果控制=3.145)时,当自变量是授权赋能时,Bootstrap 95%置信区间为0.038~0.174(行为控

制）和 0.025~0.014（结果控制），均不包括 0；当自变量是授权赋能^{2}时，Bootstrap 95%置信区间为 0.012~0.052（行为控制）和 0.017~0.052（结果控制），均不包括 0。这说明在高水平下，授权赋能对创新能力影响时员工价值共创起中介作用。

综合可知，在行为控制、结果控制取低水平或平均水平或高水平时，员工价值共创均会起中介作用且效应量均大于 0，说明被调节的中介作用不存在。因此，假设 H7 和 H8 未得到证实。

6.5 稳健性检验

6.5.1 更换变量测量方法

为了验证本部分结论的可靠，本书改变授权赋能变量的测量方法进行稳健性检验。采用 Ahearne 等（2005）的研究，测量题项包括"我的经理帮助我了解我的目标与公司的目标之间的关系""我的经理和我一起做很多决定""我的经理相信我能处理艰巨的任务""我的经理允许我按自己的方式做事"等 12 个题项。该量表的 Cronbach'α 系数是 0.85，KMO 值 0.775，说明量表具有较好的信度和效度。

如表 6-11 所示，模型 2 显示授权赋能显著正向影响员工价值共创（β=2.829，$p<0.001$），模型 3 显示在加入授权赋能平方项后，授权赋能负向影响员工价值共创（β=-5.124），授权赋能平方项显著正向影响员工价值共创（β=3.015，$p<0.1$），因此假设 H1 再次得到证实。

表 6-11 授权赋能对员工价值共创的影响检验

	模型 1	模型 2	模型 3
企业规模	0.030 (0.939)	0.022 (0.964)	0.022 (0.973)
企业成立年限	-0.038 (-1.039)	-0.017 (-0.627)	-0.020 (-0.776)

续表

	模型 1	模型 2	模型 3
产权性质	−0.140 (−1.962)	−0.091 (−1.753)	−0.085 (−1.665)
授权赋能		2.829*** (12.103)	−5.124 (−1.303)
授权赋能^2			3.015* (2.025)
R^2	0.028	0.494	0.507
调整后的 R^2	0.010	0.481	0.491
F 值	1.528	38.809***	32.473***
ΔR^2	0.028	0.466	0.013
ΔF 值	1.528	146.487***	4.102*

如表6-12所示，针对"授权赋能⇒员工价值共创⇒创新能力"这条中介路径，95%置信区间并不包括数字0（95%CI：0.193~0.278），说明此条中介效应路径存在。针对"授权赋能^2⇒员工价值共创⇒创新能力"这条中介路径，95%置信区间并不包括数字0（95%CI：0.190~0.270），说明此条中介效应路径存在。针对"授权赋能⇒创新能力⇒内源融资"这条中介路径，95%置信区间并不包括数字0（95%CI：0.074~0.132），说明此条中介效应路径存在。针对"授权赋能^2⇒创新能力⇒内源融资"这条中介路径，95%置信区间并不包括数字0（95%CI：0.071~0.083），说明此条中介效应路径存在。针对"授权赋能⇒员工价值共创⇒创新能力⇒内源融资"这条中介路径，95%置信区间并不包括数字0（95%CI：0.028~0.074），说明此条链式中介效应路径存在。针对"授权赋能^2⇒员工价值共创⇒创新能力⇒内源融资"这条中介路径，95%置信区间并不包括数字0（95%CI：0.028~0.076），说明此条链式中介效应路径存在。因此，假设H2、假设H3及假设H4再次得到验证。

表6-12　中介效应

路径	BootLLCI	BootULCI
授权赋能⇒员工价值共创⇒创新能力	0.193	0.278
授权赋能^2⇒员工价值共创⇒创新能力	0.190	0.270
授权赋能⇒创新能力⇒内源融资	0.074	0.132

续表

路径	BootLLCI	BootULCI
授权赋能^2⇒创新能力⇒内源融资	0.071	0.083
授权赋能⇒员工价值共创⇒创新能力⇒内源融资	0.028	0.074
授权赋能^2⇒员工价值共创⇒创新能力⇒内源融资	0.028	0.076

如表6-13所示,当自变量是授权赋能时,模型3显示授权赋能与行为控制的交互变量正向影响员工价值共创($\beta = 0.104$,$p < 0.1$),模型6显示授权赋能与结果控制的交互变量负向影响员工价值共创($\beta = -0.142$,$p < 0.1$)。如表6-14所示,当自变量是授权赋能平方项时,模型3显示授权赋能平方项与行为控制的交互变量正向影响员工价值共创($\beta = 0.011$,$p < 0.1$),模型6显示授权赋能平方项与结果控制的交互变量负向影响员工价值共创($\beta = -0.016$,$p < 0.1$)。因此,假设H5和假设H6再次得到验证。

表6-13 调节效应(因变量:员工价值共创/自变量:授权赋能)

变量	行为控制调节效应			结果控制调节效应		
	模型1	模型2	模型3	模型4	模型5	模型6
企业规模	0.022 (0.976)	0.021 (0.924)	0.030 (1.317)	0.022 (0.976)	0.022 (0.955)	0.030 (1.322)
企业成立年限	-0.018 (-0.697)	-0.014 (-0.550)	-0.018 (-0.706)	-0.018 (-0.697)	-0.019 (-0.725)	-0.023 (-0.890)
产权性质	-0.088 (-1.711)	-0.088 (-1.761)	-0.088 (-1.780)	-0.088 (-1.711)	-0.086 (-1.698)	-0.082 (-1.632)
授权赋能	0.756*** (12.327)	0.702*** (11.227)	0.725*** (11.527)	0.756*** (12.327)	0.735*** (11.802)	0.751*** (12.092)
行为控制		0.067** (3.020)	0.081*** (3.520)			
授权赋能×行为控制			0.104* (2.060)			
结果控制					-0.050 (-1.710)	-0.061* (-2.064)
授权赋能×结果控制						-0.142* (-2.077)
R^2	0.503	0.530	0.542	0.503	0.512	0.525

续表

变量	行为控制调节效应			结果控制调节效应		
	模型1	模型2	模型3	模型4	模型5	模型6
调整后的 R^2	0.490	0.515	0.525	0.490	0.496	0.507
F值	40.214***	35.638***	31.015***	40.214***	33.145***	28.919***
ΔR^2	0.503	0.027	0.012	0.503	0.009	0.013
ΔF值	40.214***	9.119**	4.244*	40.214***	2.923	4.313*

注：*表示 $p<0.1$，**表示 $p<0.05$，***表示 $p<0.01$，括号里面的数据为t值。

表 6-14 调节效应（因变量：员工价值共创/自变量：授权赋能²）

变量	行为控制调节效应			结果控制调节效应		
	模型1	模型2	模型3	模型4	模型5	模型6
企业规模	0.023 (0.996)	0.021 (0.943)	0.029 (1.266)	0.023 (0.996)	0.022 (0.975)	0.030 (1.282)
企业成立年限	-0.020 (-0.772)	-0.016 (-0.622)	-0.019 (-0.758)	-0.020 (-0.772)	-0.021 (-0.798)	-0.024 (-0.943)
产权性质	-0.085 (-1.665)	-0.086 (-1.717)	-0.085 (-1.723)	-0.085 (-1.665)	-0.084 (-1.654)	-0.080 (-1.587)
授权赋能²	0.099*** (12.409)	0.092*** (11.307)	0.093*** (11.496)	0.099*** (12.409)	0.096*** (11.878)	0.097*** (12.067)
行为控制		0.067*** (3.013)	0.079*** (3.407)			
授权赋能²×行为控制			0.011* (1.693)			
结果控制					-0.049 (-1.689)	-0.059** (-1.996)
授权赋能²×结果控制						-0.016* (-1.754)
R^2	0.506	0.533	0.541	0.506	0.515	0.524
调整后的 R^2	0.494	0.518	0.524	0.494	0.500	0.506
F值	40.738***	36.062***	30.884***	40.738***	33.540***	28.830***
ΔR^2	0.506	0.027	0.008	0.506	0.009	0.009
ΔF值	40.738***	9.078**	2.865*	40.738***	2.851*	3.077*

注：*表示 $p<0.1$，**表示 $p<0.05$，***表示 $p<0.01$，括号里面的数据为t值。

如表 6-15 所示，在行为控制、结果控制取平均水平时，当自变量是授权赋能时，Bootstrap 95%置信区间为 0.153~0.443（行为控制）和 0.163~0.452（结果控制），均不包括 0；当自变量是授权赋能^{2}时，Bootstrap 95%置信区间为 0.067~0.100（行为控制）和 0.066~0.099（结果控制），均不包括 0。这说明在平均水平下，授权赋能对创新能力影响时员工价值共创起中介作用。在行为控制、结果控制取低水平时，当自变量是授权赋能时，Bootstrap 95%置信区间为 0.125~0.401（行为控制）和 0.179~0.521（结果控制），均不包括 0；当自变量是授权赋能^{2}时，Bootstrap 95%置信区间为 0.071~0.108（行为控制）和 0.050~0.093（结果控制），均不包括 0。这说明在低水平下，授权赋能对创新能力影响时员工价值共创起中介作用。在行为控制、结果控制取高水平时，当自变量是授权赋能时，Bootstrap 95%置信区间为 0.160~0.524（行为控制）和 0.124~0.420（结果控制），均不包括 0；当自变量是授权赋能^{2}时，Bootstrap 95%置信区间为 0.055~0.098（行为控制）和 0.075~0.112（结果控制），均不包括 0。这说明在高水平下，授权赋能对创新能力影响时员工价值共创起中介作用。综合可知，在行为控制、结果控制取低水平或平均水平或高水平时，员工价值共创均会起中介作用且效应量均大于 0，说明被调节的中介作用不存在。因此，与原检验一致，假设 H7 和假设 H8 未得到证实。

表 6-15　调节中介效应（因变量：创新能力）

	中介变量	调节变量	水平	水平值	Effect	BootLLCI	BootULCI
授权赋能	员工价值共创	行为控制	低水平（-1SD）	2.757	0.239	0.125	0.401
			平均值	3.913	0.286	0.153	0.443
			高水平（+1SD）	5.068	0.334	0.160	0.524
		结果控制	低水平（-1SD）	1.203	0.346	0.179	0.521
			平均值	2.078	0.297	0.163	0.452
			高水平（+1SD）	2.952	0.248	0.124	0.420
授权赋能^2	员工价值共创	行为控制	低水平（-1SD）	2.757	0.090	0.071	0.108
			平均值	3.913	0.083	0.067	0.100
			高水平（+1SD）	5.068	0.077	0.055	0.098
		结果控制	低水平（-1SD）	1.203	0.071	0.050	0.093
			平均值	2.078	0.082	0.066	0.099
			高水平（+1SD）	2.952	0.093	0.075	0.112

6.5.2 运用模糊集方法再次检验

探寻各变量对融资可得性的影响关系是本书研究的核心，因此本书参照宋华和卢强（2017）的研究再次运用模糊集方法检验授权赋能、员工价值共创、创新能力、行为控制及结果控制对内源融资的影响作用。在检验时，运用授权赋能的一阶数据探寻实现高内源融资绩效的构型组合。

（1）变量校准：本书参考赵文和王娜（2017）、Greckhamer（2016）的研究，以各变量的75%、50%及25%分位数分别作为完全隶属、中间点和完全不隶属的3个定性锚点。各变量的校准锚点如表6-16所示。

表6-16 各变量校准锚点

变量		锚点		
		完全不隶属	中间点	完全隶属
结果变量	内源融资（IF）	3.333	3.667	4.167
原因变量	授权赋能（EMP）	3.842	4.105	4.368
	员工价值共创（EVC）	3.833	4.167	4.458
	创新能力（IA）	3.667	4.167	4.500
	行为控制（BC）	1.667	4.333	4.667
	结果控制（RC）	1.500	1.750	2.250

（2）单项原因变量的充分必要性分析：对各个原因变量是否为结果变量内源融资的充分必要条件进行检验，检验结果如表6-17所示。从充分性和必要性来看，没有条件超过0.9。因此，所有单项原因变量对于结果变量都不构成充分必要条件，需要将多个原因变量组合起来进行构型分析。

表6-17 原因变量的充分必要性检验

原因条件	原因条件的充分性一致率（Consistency）	原因条件的必要性覆盖率（Coverage）
EMP	0.531	0.554
EVC	0.573	0.612
IA	0.532	0.619

续表

原因条件	原因条件的充分性一致率（Consistency）	原因条件的必要性覆盖率（Coverage）
BC	0.601	0.561
RC	0.508	0.578

（3）前因条件构型：本书依照 QCA 研究惯例，将一致性门槛值设定为 0.8，案例数门槛值设定为 1。通过 fsQCA 计算，结果显示实现高 IF 的构型有 2 种，总体一致性为 0.779，高于 0.75 的临界值，总体覆盖率为 0.180，如表 6-18 所示。构型（1）显示，授权赋能与创新能力组合会实现高的内源融资绩效，为授权赋能通过创新能力影响内源融资（假设 H3）提供了证明。构型（2）显示，授权赋能、员工价值共创及创新能力的组合同样对内源融资绩效具有积极作用，为授权赋能影响员工价值共创，进而影响创新能力，最终促进内源融资（假设 H4）提供了佐证。并且，构型（2）也显示，行为控制和结果控制不是影响内源融资的原因条件，行为控制和结果控制不与授权赋能同时出现。至此，运用 fsQCA 方法证实了与内源融资相关的所有假设。

表 6-18 高 IF 构型

原因条件	构型 (1)	构型 (2)
EMP	●	•
EVC	⊗	•
IA	●	●
BC	⊗	⊗
RC		⊗
一致性	0.757	0.794
覆盖率	0.108	0.107
净覆盖率	0.073	0.072
总体一致性	0.779	
总体覆盖率	0.180	

注：●或•表示该条件存在，⊗表示该条件不存在，"空白"表示构型中该条件同时有存在和不存在两种情况，●表示核心条件，•表示辅助条件。

综上，通过替换变量和改变方法，对本书研究提出的所有假设进行了多次检验，结果与原检验一致，证明了本部分结论的可靠。

6.6 本章小结

本章以中小服务企业为调研对象，通过 396 份问卷实证检验了企业与员工交易方式的创新对内源融资可得性的影响，结果如表 6-19 所示，个别假设未得到支持，大部分假设均通过了实证检验。

表 6-19 研究假设实证结果汇总

假设编号	假设内容	检验结果
H1	授权赋能与员工价值共创之间呈 U 形关系	支持
H2	员工价值共创在授权赋能与创新能力之间起中介作用	支持
H3	创新能力在授权赋能与内源融资之间起中介作用	支持
H4	员工价值共创和创新能力在授权赋能与内源融资之间起链式中介作用	支持
H5	行为控制正向调节授权赋能对员工价值共创的影响关系	支持
H6	结果控制负向调节授权赋能对员工价值共创的影响关系	支持
H7	行为控制正向调节员工价值共创在授权赋能与创新能力关系中的中介作用	不支持
H8	结果控制负向调节员工价值共创在授权赋能与创新能力关系中的中介作用	不支持

接下来针对此结果展开进一步的讨论。

第一，授权赋能与员工价值共创之间呈 U 形关系。当上级主管决定运用授权赋能替代管控来管理员工时，为了激发员工积极的价值共创行为，主管领导需要给予较大程度的授权赋能。如果授权赋能程度较低，意味着员工需要牺牲个人休息时间等资源进行价值共创，那么员工会为了维持当前的享乐状态而拒绝参与。只有较高程度的授权赋能，才能给予员工足够的工作资源，激发他们进行资源投资。通过价值共创的资源投资活动会为他们带来更多的资源收益。由此良性循环，促使员工价值共创积极性的维持。

第二，创新能力在授权赋能与内源融资的关系中起中介作用。服务企业的服务创新能力主要来源于员工的贡献，授权赋能的交易方式更加贴合新时代员工的心理，进而使得企业创新能力表现优异，这与现有研究基本吻合。服务创新能力的提升使得企业产品与服务更加贴合顾客需求，提高了企业的盈利水平。盈利水平的提升为企业带来了较为充沛的经营现金流，促使企业可以通过内源融资的方式获取资金以实现进一步发展。因此，服务企业应该加强对员工的授权赋能，充分发挥个体员工对企业的带动作用。

第三，企业对员工的授权赋能通过促使员工价值共创而提升企业创新能力，进而帮助企业获取内源融资。这条链式中介路径揭示了基于员工角度的商业模式创新对融资可得性影响的过程机制。授权赋能给予员工更多的工作资源，使得员工获得成长与发展机会，至此员工期望的价值得到满足，会促使他们积极进行价值共创以回报组织。员工价值共创不但会增加员工与顾客的亲密关系，还有利于员工对顾客需求的理解而产生创新想法，更会促使员工将自身消化过的市场知识、创意想法及时反馈给企业，致使企业整体服务创新能力大幅提升。服务创新能力的提升提高了企业的经营业绩，是企业具有较高盈利质量的表现。企业在面对外部融资困难时，较高的盈利质量有利于企业通过内部方式解决融资问题。

第四，行为控制正向调节授权赋能对员工价值共创的影响关系，结果控制负向调节授权赋能对员工价值共创的影响关系。员工价值共创是一个长期过程，可能无法显现出立竿见影的效果，运用结果控制类的管理制度会导致员工不能及时获得与付出相匹配的经济类报酬，甚至还有可能因为没有完成任务而被惩罚，从而致使员工选择放弃价值共创。所以，为了促进员工价值共创，企业可考虑行为控制类的人力资源管理制度。行为控制注重过程奖励，因此在行为控制机制下，员工会抓住授权赋能带来的资源积极参与价值共创以获得组织的肯定和过程奖励。

7 结论与展望

本章在理论分析及实证检验的基础上,对本书的研究结论、管理启示、研究不足及研究展望进行阐述。

7.1 研究结论

本书基于利益相关者角度的商业模式,遵循"交易方式与制度的双重作用—利益相关者价值共创—企业能力—融资可得性"的逻辑,依据对个体行为解释的自我决定理论、计划行为理论、资源保存理论和与企业融资相关的信号理论,从顾客、产业利益相关者、员工角度分别深入探讨商业模式交易方式创新对融资可得性的影响机制及边界条件。本书以中小服务企业为样本,正式调研共回收问卷1550 份,有效问卷 1059 份。运用 SPSS25.0 和 AMOS17.0 对量表进行信度和效度检验,选用层次回归、Bootstrap 抽样检验和 fsQCA 方法进行假设检验。主要研究结论如下:

(1) 检验了企业与顾客交易方式的创新(零距离连接)、参与奖励、顾客价值共创及市场能力如何影响企业股权融资可得性。

研究发现:①零距离连接对顾客价值共创有倒 U 形影响。零距离连接强调顾企之间的无中介直连,适度的零距离连接满足了顾客的胜任需要、关联需要和自主需要,会激发顾客积极进行价值共创。过度亲密的连接则会增加顾客的社交负担和维护成本,反而会降低顾客价值共创的参与度。②当零距离连接对顾客价值共创具有正向影响时,顾客价值共创在零距离连接与股权融资之间起中介作用。顾客与企业的共创程度越高,意味着顾客的投入与参与越多,会带来顾客对企业品牌的喜爱与信任,有利于企业品牌价值的提升,而品牌价值是企业未来收益的体现,促使企业更容易获得注重未来收益的股权市场投资者的青睐,从而获得股权融资。③顾企之间的零距离连接能够通过提升企业市场能力帮助企业获得股权融资。顾企之间的零距离连接保证企业获得的市场数据更加真实、可靠及具有时效性,促使企业在动态的环境中依然能够维持甚至提升市场份额。较强的市场能力表明企业成长速度较快、未来发展态势比较乐观,会让股权市场投资者认为企业具有市场竞争力,进而促使股权投资者愿意为企业提供资金支持。④适度的零距离连接对顾客价值共创具有正向影响,会提升企业市场能力,进而帮助企业获得股权融资。顾客价值共创带来的操作性资源及资源整合有利于企业及时抓住市场机遇、快速占领市场,提升了企业的市场能力,使得企业的市场潜力指标表现优异,会更容易得到股权市场投资者的认可,从而有利于企业获得股权融资。⑤相对于高参与奖励,低参与奖励更有助于零距离连接对顾客价值共创的促进作用。低参与奖励也更有助于零距离连接、顾客价值共创对股权融资可得性的正向影响作用。参与奖励侧重短期、经济类的回报,因此高参与奖励会减弱零距离连接带给顾客的心理满足感,使顾客价值共创的积极性下降,从而削弱了顾客对企业品牌的喜爱,会直接影响股权市场投资者的信心,导致企业在股权市场上的融资机会变少。

(2)检验了企业与产业利益相关者交易方式的创新(知识共生)、合作契约、产业价值共创及运营能力如何影响企业债权融资可得性。

研究发现:①知识共生对产业价值共创具有 U 形影响。比较弱的知识共生关系意味着企业间的关联并不密切,产业利益相关者可能不太愿意承受风险进行价值共创。当知识共生关系较强时,企业间则是一荣俱荣、一损俱损的相依而生关系,产业利益相关者会为了得到更多的利益,降低市场不确定性带来的冲击,而积极参与价值共创。②产业价值共创在知识共生与债权融资之间起中介作用。产业价值共创强化了信息披露的真实与有效,减少了企业与产业利益相关者间的不确定,促使企业易于从产业链合作企业处获得债权融资。同时,价值共创带来的资源整合提高了企业与产业利益相关者的市场稳定性,促使注重稳定的债权市场投资者对该产业链条产生正面评价,进而提升企业获得债权融资的可能。③运营能力在知识共生与债权融资之间起中介作用。知识共生更加强调资源的互补与相互激发，不会带来产业链内的恶意损耗，各组织会为了共同为客户创造价值而迅速协同，提升了资源的配置效率，增强了企业的运营能力。运营能力的优异表现会提升债权市场投资者收回借款的信心，从而提高企业债权融资的可得性。④知识共生、产业价值共创、运营能力与债权融资之间具有链式中介效应，即知识共生通过影响产业价值共创，进一步提升组织运营能力，使企业获得债权融资。通过产业价值共创，企业可以更好地整合资源，应对环境变化和快速满足顾客需求。良好的运营能力使得企业财务状况表现稳定，有利于企业获得债权市场投资者的青睐。⑤相对于高合作契约，低合作契约更有助于知识共生对产业价值共创的促进作用。知识共生是通过知识的互补嵌入营造企业间的长期亲密关系，如果企业实施合作契约，会释放出企业对产业利益相关者的不信任信号，导致利益相关者出现机会主义行为，不利于产业价值共创。

（3）检验了企业与员工交易方式的创新（授权赋能）、内部控制、员工价值共创及创新能力如何影响企业内源融资可得性。

研究发现：①授权赋能对员工价值共创具有 U 形影响。较低的授权赋能给予员工的资源较少，需要员工投入个人资源才能更好进行价值共创，因此员工会基于享乐主义倾向而选择不参与价值共创。当授权赋能程度较高时，员工获取到了足够的工作资源，此时他们会积极进行资源投资参与价值共创。②员工价值共创在授权赋能和创新能力中起中介作用。员工的价值共创体现为员工愿意与顾客深入互动，并将获取的顾客资源及个人思考及时反馈给企业。与顾客的深入交互会激发员工产生创新想法，而向企业反馈又会促使创新想法落地。因此，积极的员工价值共创会提升企业整体的创新能力。③授权赋能通过提升服务创新能力促进内源融资。较高的授权赋能会赋予服务业员工更多的决策权，使员工感到被组织重视，会更愿意进行更加广泛的思考，进而提升服务创新能力。服务创新传递的是以顾客为中心的经营理念，有利于企业经营业绩的提升，会为企业带来较为充沛的经营现金流，有利于企业通过内源融资获取发展资金。④授权赋能通过影响员工价值共创提升创新能力，进而促使企业获得内源融资。员工价值共创能产生可实现、创造性和以客户为中心的服务创新，提升了企业整体的创新能力，增加了企业创新成功的概率，能够为企业带来较好的盈利质量，促使企业可以通过内源融资的方式解决资金问题。⑤行为控制正向调节授权赋能对员工价值共创的影响关系，结果控制负向调节授权赋能对员工价值共创的影响关系。价值共创强调的是资源的交互过程，行为控制注重过程考核，因此在行为控制下员工会更愿意抓住授权赋能带来的资源积极参与价值共创；结果控制注重短期绩效目标，而通过资源交互实现价值共创并非易事，无法短期提升员工绩效，因此在结果控制下，即使授权赋能给予资源，也会降低员工参与价值共创的积极性。

至此，本书构建了基于顾客、产业利益相关者及员工的商业模式创新与融资可得性关系的三条逻辑路径。"顾客型商业模式创新"注重对消费者的聚合，有利于企业提升股权融资可得性，路径逻辑是通过"适度的零距离连接"满足顾客自主需要，激发"顾客价值共创"，使企业更好获取、整合与市场紧密相关的资源，从而更快占领市场、迅速成长，促使企业提升"市场能力"，市场能力作为企业具有未来发展潜力的信号，会更容易得到股权市场投资者的青睐，进而提升企业股权融资可得性。"产业型商业模式创新"注重产业资源的共享，有利于企业提升债权融资可得性，路径逻辑是通过"较强的知识共生"实现价值共享，诱导"产业价值共创"，使企业信息流、物流合一，增强企业资源配置效率及对环境变化的响应能力，进而提升"运营能力"。运营能力作为企业财务状况具有稳定性的信号，会增强债权市场投资者收回借款的信心，有利于企业获得债权融资。"员工型商业模式创新"强调对员工个体发展的重视，有利于企业提升内源融资可得性，路径逻辑是通过"较高程度的授权赋能"增强员工对组织的归属感和认同感，刺激"员工价值共创"，使企业获得更多更可行的服务创新想法，进而提升企业整体的"创新能力"，创新能力增加了企业创新成功的概率，为企业带来经营绩效，助力企业获得内源融资。

7.2 管理启示

（1）中小服务企业可考虑将利益相关者引入商业模式创新框架，创立基于资源整合的价值共创模式，以此通过提升企业能力增加融资可得性。传统的商业模式创新体现的是以企业为中心的逻辑，侧重于从输入到产品转换的创新。然而数字经济的兴起需要企业将利益相关者引入商业模式创新框架，通过价值共创的方式实现快速发展。价值共创会帮助企业获取利益相关者的操作性资源,而操作性资源是企业竞争优势的来源。根据本书的研究结果,企业通过对操作性资源的整合运用可实现企业能力的提升进而增强融资可得性,解决融资难、融资贵问题。因此,中小服务企业要特别注重与利益相关者的价值共创,可根据企业战略定位或发展需要将顾客、产业利益相关者或员工纳入商业模式创新框架,通过构建顾客型商业模式、产业型商业模式或员工型商业模式激发个体价值共创。

(2)企业需要与利益相关者构建满足他们需求的交易方式。交易方式创新须针对利益相关者的需求而做出(Anrasi 等,2016;Kumaraswamy 等,2018)。对于顾客,数字技术的发展使顾客成为整个价值创造的中心,在面对众多选择时,顾客除了关注产品本身的价值,更期望获得良好的体验价值。而顾企之间无中介的零距离连接的交易方式,能增强顾企互动,更好契合顾客的心理诉求,让顾客获得体验价值。因此,企业需要特别重视与顾客的零距离连接。如借助社交媒体,让每一位顾客随时可以找到他的销售顾问,企业随时能为顾客提供服务,企业与顾客、顾客与顾客随时可以对话。然而,过度的零距离连接却会给顾客带来负担,因此企业需要通过不断的实践确定一个较为合适的"度"。对于产业利益相关者,数字化时代要求他们必须联合起来、快速整合资源以应对与满足顾客的需求,他们更希望利益共享。而知识共生使组织成员互为主体,资源互补依赖,实现了利益获取的帕累托最优。所以,企业要注重且要与产业利益相关者建立较强的知识共生关系。如企业可以在研发、生产、营销等方面与上下游配套企业实现较为深入的知识补充。对于员工,新生代员工对自身成长期待很高,期望承担更多的责任。授权赋能会给予员工更多的机会与资源,赋予他们更大的决策权,促进员工成长。因而,为了激发员工潜能,企业应引导管理层学会放权,转向较高程度的授权赋能。授权赋能可以是给予员工充分的权力,使其能够全面负责并自主决策自己的工作;也可以是给予培训、学习、锻炼等机会,让员工能够不断提升。

(3)偏重经济契约类、过于注重结果的制度会不利于商业模式创新对利益相关者价值共创的促进作用,企业可考虑谨慎使用。企业对顾客采取适度的零距离连接的交易方式时,会激发顾客内在动机,促使顾客对企业产生亲密感情。此时,如果企业采用参与奖励这种注重经济报酬的制度鼓励顾客的参与行为时,一般会激发顾客的外在参与动机,外在动机下的顾客行为稳定性差,很可能会因为没有获取到自认为公平的经济类报酬而对企业产生反感。因此，本书建议企业在进行外在激励制度设计时，应与零距离连接的交易方式相协同，要更加侧重对顾客内在动机的激发。对于产业利益相关者，组织间的知识共生关系是一种彼此信任的表现。如果企业运用合作契约的制度对产业利益相关者进行管理约束时，由于合作契约使用正式的、具有法律约束力的协议或合同，可能会让产业利益相关者产生企业不够信任自己的想法，反而滋生机会主义行为。对此，陈春花和朱丽（2019）提出企业应该制定基于信任的契约，而基于信任的契约需要结构设计与激励体系相结合。对于员工，价值共创是一个长期过程，可能无法显现出立竿见影的效果。如果企业运用结果控制类的制度对员工进行管理，很有可能导致那些积极进行价值共创的员工不能及时获得与付出相匹配的经济类报酬，甚至还有可能因为没有完成任务而被惩罚。所以，为了鼓励员工价值共创，授权赋能应该与行为控制类的管理制度相匹配。

（4）企业可考虑将价值共创获取的不同资源与企业不同的动态能力进行匹配，以获得较高的融资绩效。资源需要与企业能力协同才能更好提升企业绩效（Lin 和 Wu，2014）。本书根据服务主导逻辑对资源的分类，结合现有价值共创、企业能力与融资可得性研究，提出并实证检验了"资源—能力—融资"之间的匹配关系。企业可考虑将获取的不同利益相关者的资源转化升级为相对应的企业能力，以获得较高的融资绩效。对与顾客价值共创获取的市场信息资源，企业可通过有效利用以增强顾客满意度和对企业的积极评价，提升企业市场能力，市场能力是企业高成长、具有未来发展前景的表现，可使企业更容易得到股权市场投资者的青睐。对与产业利益相关者价值共创获取的关系资源，企业可通过有效整合以实现信息流、物流的快速配置，提升企业运营能力，较强的运营能力能够更好抵御环境变化对企业的冲击，稳定的财务表现会增加债权市场投资者收回借款的信心，使得企业容易获得债权融资。对与员工价值共创获取的员工知识，企业可实施相关举措助力员工想法的落地，提升企业创新能力，契合顾客需求的创新会为企业带来较好的盈利结果，使得企业产生较为充沛的经营现金流，有利于企业通过内源融资解决资金问题。

7.3 研究不足

目前对基于利益相关者角度的商业模式研究较少,且由于调研条件有限,本书的研究还存在以下不足:

第一,未考察价值共创、企业能力及融资可得性之间的交叉影响关系。本书根据已有参考文献及爬虫分析的结果,分别基于顾客角度、产业利益相关者角度及员工角度构建并实证检验了三条商业模式创新与融资可得性最有可能的影响路径,即"零距离连接—顾客价值共创—市场能力—股权融资""知识共生—产业价值共创—运营能力—债权融资""授权赋能—员工价值共创—创新能力—内源融资"。但是,由于调研条件有限,无法向填写者详细解释易于混淆的相关概念且担心问卷过长影响填写真实性,而并未考察价值共创、企业能力及融资可得性之间的交叉影响关系,如顾客价值共创是否会影响运营能力,进而影响债权融资?产业价值共创是否会影响创新能力,进而影响内源融资?市场能力又是否会促进债权融资?运营能力对内源融资的影响如何?等等。

第二,对交易主体与交易方式变量的确定具有一定的主观性。由于交易主体及交易方式并无固定的研究框架,本书是通过参考大量文献,借助爬虫分析的结果,结合数字化和服务企业背景,观察实际企业案例,归纳出的交易主体及交易方式内涵,存在一定的主观性。

第三,未考察价值共创与企业能力之间的过程机制。本书根据服务主导逻辑对操作性资源进行分类,以此判断企业与不同利益相关者价值共创最有可能获得的资源类别,然后参考已有企业能力研究推导出与资源类别对应的企业能力。但是根据企业能力理论,价值共创获取的资源是资源的存量价值,需要对资源进行动态管理才能转化为能力。那么,价值共创与企业能力之间的过程机制是什么,本书并没有做进一步研究。

第四,基于员工角度的授权赋能与内源融资可得性研究的实证部分,对于内源融资变量的问卷调查由员工直接填写,致使数据的呈现可能不够完全准确。由于调研条件有限,考虑到本书研究的样本企业规模较小,成员间沟通比较容易,消息传递比较迅速，员工对于企业情况比较了解，因此直接运用员工对企业内源融资的感知作为该部分实证研究内源融资的测量。但是企业融资情况相对保密，处在基层的员工对企业融资情况的感知可能不够完全准确。

7.4 研究展望

第一，深入考察价值共创、企业能力及融资可得性之间的交叉影响关系。可以在条件允许的情况下，深入调研企业现场，为问卷填写者详细解释易于混淆的相关概念并通过现场回收的方式保证问卷填写内容的真实有效。

第二，增加案例研究。可以选择具有典型特征的企业群体进行多案例深挖研究，进一步归纳交易主体与交易方式的内涵。在此基础上，再构建与企业能力、融资可得性相关的模型，并通过实证研究做进一步检验，以此保证研究结论更加可靠。

第三，解析价值共创与企业能力之间的过程机制。可考虑借鉴现有关于资源、能力的理论研究，探究价值共创通过何种过程机制影响到企业能力，以及这种过程机制是否会由于资源来源于不同的利益相关者而有所不同。

第四，增加调查问卷的答题对象。可以在条件允许的情况下，对基于员工角度的授权赋能与内源融资可得性的问卷调研部分增加问卷调研对象，即除了对员工进行调研以外，还可以对与员工匹配的领导进行调研，站在领导的角度对内源融资进行测量，可以促使内源融资数据的收集更加可靠。

第五，扩大实证研究的样本类型。本书确定的商业模式创新相关变量及实证研究的样本仅针对服务企业，但是随着数字技术的发展，企业类型边界逐渐模糊，如制造企业服务化，因此本书提出的基于服务企业的研究逻辑也很有可能适用于其他类型的企业，后续可考虑增加不同类型的企业样本进行实证检验，以增加本书模型应用的普适性。

参考文献

[1] Aarikka-Stenroos L., Jaakkola E. Value co-creation in knowledge intensive business services: A dyadic perspective on the joint problem solving process [J]. Industrial Marketing Management, 2012, 41 (1): 15-26.

[2] Abbasi K., Alam A., Brohi N. A., et al. P2P lending Fintechs and SMEs' access to finance [J]. Economics Letters, 2021, 204 (11).

[3] Acemoglu D., Johnson S. Unbundling institutions [J]. Journal of Political Economy, 2005, 113 (5): 949-995.

[4] Afuah A., Tucci C. Internet business models and strategies [M]. New York: McGraw-Hill International Editions, 2001.

[5] Ahearne M., Mathieu J., Rapp A. To empower or not to empower your sales force? An empirical examination of the influence of leadership empowerment behavior on customer satisfaction and performance [J]. Journal of Applied Psychology, 2005, 90 (5): 945-955.

[6] Ajzen I. The theory of planned behavior [J]. Organizational Behavior & Human Decision Processes, 1991, 50 (2): 179-211.

[7] Ajzen I. Perceived behavioral control, self-efficacy, locus of control, and the theory of planned behavior [J]. Journal of Applied Social Psychology, 2002, 32 (4): 665-683.

[8] Alt R., Zimmerman H. D. Guest editors note about business models [J]. Electronic Markets, 2001 (11): 1.

[9] Álvarez-Botas C., González V. M. Institutions, banking structure and the

cost of debt: New international evidence [J]. Account Finance, 2021 (61): 265-303.

[10] Alves P. F. P., Ferreira M. A. Capital structure and law around the World [J]. Journal of Multinational Financial Management, 2011, 21 (3): 119-150.

[11] Amit R., Zott C. Value creation in E-business [J]. Strategic Management Journal, 2001 (22): 493-520.

[12] Ansari S. S., Garud R., Kumaraswamy A. The disruptor's dilemma: TiVo and the US television ecosystem [J]. Strategic Management Journal, 2016, 37 (9): 1829-1853.

[13] Audretsch D. B., Bönte W., Mahagaonkar P. Financial signaling by innovative nascent ventures: The relevance of patents and prototypes [J]. Research Policy, 2012, 41 (8): 1407-1421.

[14] Avery R. B., Samolyk K. A. Bank consolidation and the provision of banking services: The case of small commercial loans [R]. Federal Deposit Insurance Corporation Working Paper, 2000.

[15] Aziz S. A., Mahmood R. The relationship between business model and performance of manufacturing small and medium enterprises in malaysia [J]. African Journal of Business Management, 2011, 5 (22): 8918-8932.

[16] Baden-Fuller C., Haefliger S. Business models and technological innovation [J]. Long Range Plan, 2013, 46 (6): 419-426.

[17] Ballantyne D., Varey R. J. Creating value-in-use through marketing interaction: The exchange logic of relating, communicating and knowing [J]. Marketing Theory, 2006, 97 (3): 335-348.

[18] Barile S., Grimaldi M., Loia F., et al. Technology, value co-creation and innovation in service ecosystems: Toward sustainable co-innovation [J]. Sustainability, 2020, 12 (7).

[19] Barney J. B. Firm resources and sustained competitive advantage [J]. Management, 1991, 17 (1): 99-120.

[20] Barth J. R., Lin D., Yost K. Small and medium enterprise financing in transition economies [J]. Atlantic Economic Journal, 2011 (39): 19-38.

[21] Baum J. R., Locke E. A. The relationship of entrepreneurial traits, skill, and motivation to subsequent venture growth [J]. Journal of Applied Psychology, 2004, 89 (4): 587-598.

[22] Baumann J., Le Meunier-Fitzhugh K. Trust as a facilitator of co-creation in customer-salesperson interaction: An imperative for the realization of episodic and relational value? [J]. Academy of Marketing Science Review, 2014, 4 (1/2): 5-20.

[23] Baxter D., Pelletier L. G. The roles of motivation and goals on sustainable behaviour in a resource dilemma: A self-determination theory perspective [J]. Journal of Environmental Psychology, 2020 (69).

[24] Bellucci A., Borisov A., Zazzaro A. Does gender matter in bank-firm relationships?Evidence from small business lending [J]. Journal of Banking & Finance, 2010, 34 (12): 2968-2984.

[25] Bendapudi N., Leone R. P. Psychological implications of customer participation in co-production [J]. Journal of Marketing, 2003, 67 (1): 14-28.

[26] Berger A. N., Goldberg L. G., White L. J. The effects of dynamic changes in bank competition on the supply of small business credit [R]. Working Papers, 2001.

[27] Berger A. N., Udell G. F. A more complete conceptual framework for SME finance [J]. Journal of Banking & Finance, 2006, 30 (11): 2945-2966.

[28] Bergh D. D., Ketchen D. J., Orlandi I., et al. Information asymmetry in management research: Past accomplishments and future opportunities [J]. Journal of Management, 2018, 45 (1): 122-158.

[29] Bo E., Tronvoll B., Gruber T. Expanding understanding of service exchange and value co-creation: A social construction approach [J]. Journal of the Academy of Marketing Science, 2011, 39 (2): 327-339.

[30] Boot A., Milbourn T. T. Credit ratings as coordination mechanisms [R]. Tinbergen Institute Discussion Papers, 2002.

[31] Broekhuizen T., Broekhuis M., Gijsenberg M. J., et al. Introduction to the special issue-Digital business models: A multi-disciplinary and multi-stakeholder perspective [J]. Journal of Business Research, 2021 (122): 847-852.

[32] Brynjolfsson E. , Hitt L. Intangible assets and the economic impact of computers [M]. Boston: MIT Press, 2004: 27-48.

[33] Caballero R. J. , Hammour M. L. Creative destruction and development: Institutions, crises, and restructuring [C]. Annual World Bank Conference on Development Economics, 2000.

[34] Cao Z. , Lumineau F. Revisiting the interplay between contractual and relational governance: A qualitative and meta-analytic investigation [J]. Journal of Operations Management, 2015, 33 (1): 15-42.

[35] Casadesus-Masanell R. , Ricart J. E. From strategy to business models and onto tactics [J]. Long Range Planning, 2010, 43 (2): 195-215.

[36] Cassar G. The financing of business start-ups [J]. Journal of Business Venturing, 2004, 19 (2): 261-283.

[37] Cavalcante S. , Kesting P. , Ulhøi J. Business model dynamics and innovation: (Re) establishing the missing linkages [J]. Management Decision, 2011, 49 (8): 1327-1342.

[38] Chan M. F. , Chung W. W. A framework to develop an enterprise information portal for contract manufacturing [J]. International Journal of Production Economics, 2002, 75 (1/2): 113-126.

[39] Chan S. The interplay between relational and transactional psychological contracts and burnout and engagement-ScienceDirect [J]. Asia Pacific Management Review, 2021, 26 (1): 30-38.

[40] Chesbrough H. W. , Rosenbloom R. S. The role of the business model in capturing value from innovation: Evidence from Xerox Corporation's technology spinoff companies [J]. Industrial and Corporate Change, 2002 (11): 533-534.

[41] Chesbrough H. W. Business model innovation: Opportunities and barriers [J]. Long Range Planning, 2010, 43 (2/3): 354-363.

[42] Chesbrough H. W. Open innovation: The new imperative for creating and profiting from technology [M]. Boston: Harvard Business School Press, 2003.

[43] Cheung A. W. , Pok W. C. Corporate social responsibility and provision of trade credit [J]. Journal of Contemporary Accounting and Economics, 2019, 15

(3).

[44] Chittenden F., Kauser S., Poutziouris P. Tax regulation and small business in the USA, UK, Australia and New Zealand [J]. International Small Business Journal, 2003, 21 (1): 93-115.

[45] Chunyan X., Bagozzi R. P., Troye S. V. Trying to prosume: Toward a theory of consumers as co-creators of value [J]. Journal of the Academy of Marketing Science, 2008, 36 (1): 109-122.

[46] Cindy Y. C., Chin H. H., Tzu-An L. Organizational intellectual capital and its relation to frontline service employee innovative behavior: Consumer value co-creation behavior as a moderator [J]. Service Business, 2018, 12 (4): 663-684.

[47] Claro D. P., Claro P. Collaborative buyer-supplier relationships and downstream information in marketing channels [J]. Industrial Marketing Management, 2010, 39 (2): 221-228.

[48] Clauss T., Kesting T., Naskrent J. A rolling stone gathers no moss: The effect of customers' perceived business model innovativeness on customer value co-creation behavior and customer satisfaction in the service sector [J]. R&D Management, 2019, 49 (2): 180-203.

[49] Clinton E., McAdam M., Gamble J. R. Transgenerational entrepreneurial family firms: An examination of the business model construct [J]. Journal of Business Research, 2018 (90): 269-285.

[50] Connelly B. L., Certo S. T., Ireland R. D., et al. Signaling theory: A review and assessment [J]. Journal of Management, 2011, 37 (1): 39-67.

[51] Conner M., Armitage C. J. Extending the theory of planned behavior: A review and avenues for further research [J]. Journal of Applied Social Psychology, 1998, 28 (15): 36.

[52] Conti A., Thursby M. C., Rothaermel F. T. Show me the right stuff: Signals for high tech startups [J]. Journal of Economics & Management Strategy, 2013, 22 (2): 341-364.

[53] Cucculelli M., Bettinelli C. Business models, intangibles and firm performance: Evidence on corporate entrepreneurship from Italian manufacturing SMEs

[J]. Small Business Economics, 2015, 45 (2): 329-350.

[54] Cui V., Yang H. B., Vertinsky I. Attacking your partners: Strategic alliances and competition between partners in product markets [J]. Strategic Management Journal, 2018, 39 (12): 3116-3139.

[55] Dedahanov A., Bozorov F., Sung S. Paternalistic leadership and innovative behavior: Psychological empowerment as a mediator [J]. Sustainability, 2019, 11 (6): 1-14.

[56] Denis D. J. Entrepreneurial finance: An overview of the issues and evidence [J]. Journal of Corporate Finance, 2004, 10 (2): 301-326.

[57] Desmarchelier B., Djellal F., Gallouj F. Users' involvement in value co-creation: The more the better? [J]. European Management Review, 2020, 17 (2): 439-448.

[58] Doidge C., Karolyi G. A., Stulz R. M. Why do countries matter so much for corporate governance? [J]. Journal of Financial Economics, 2007, 86 (1): 1-39.

[59] Durguner S. Do borrower-lender relationships still matter for small business loans? [J]. Journal of International Financial Markets Institutions and Money, 2017 (50): 98-118.

[60] Eckhardt J. T., Shane S., Delmar F. Multistage selection and the financing of new ventures [J]. Management Science, 2006, 52 (2): 220-232.

[61] Eisenhardt K. M., Martin J. A. Dynamic capabilities: What are they? [J]. Strategic Management Journal, 2000 (21): 1105-1121.

[62] Etgar M. A descriptive model of the consumer co-production process [J]. Journal of the Academy of Marketing Science, 2008, 36 (1): 97-108.

[63] Fang E., Palmatier R. W., Evans K. R. Influence of customer participation on creating and sharing of new product value [J]. Journal of the Academy of Marketing Science, 2008, 36 (3): 322-336.

[64] Fitzpatrick M., Varey R. J., Grönroos C., et al. Relationality in the service logic of value creation [J]. Journal of Services Marketing, 2015, 29 (6/7): 463-471.

[65] Fitzpatrick M., Davey J., Muller L., et al. Value-creating assets in tourism management: Applying marketing service-dominant logic in the hotel industry [J]. Tourism Management, 2013, 36 (6): 86-98.

[66] Foss N. J., Saebi T. Fifteen years of research on business model innovation [J]. Journal of Management, 2017, 43 (1): 200-227.

[67] Gambardella A., McGahan A. M. Business model innovation: General purpose technologies and their implications for industry structure [J]. Long Range Planning, 2010 (43): 262-271.

[68] Ge J., Xu H., Pellegrini M. The effect of value co-creation on social enterprise growth: Moderating mechanism of environment dynamics [J]. Sustainability, 2019, 11 (1): 250.

[69] George G., Bock A. J. The business model in practice and its implications for entrepreneurship research [J]. Entrepreneurship Theory and Practice, 2011, 35 (1): 83-111.

[70] Goo J., Kishore R., Rao H., et al. The role of service level agreements in relational management of information technology outsourcing: An empirical study [J]. MIS Quarterly, 2009, 33 (1): 119-145.

[71] Greckhamer T. CEO compensation in relation to worker compensation across countries: The configurational impact of country-level institutions [J]. Strategic Management Journal, 2016, 37 (4): 793-815.

[72] Greenberg G. Small firms, big patents? Estimating patent value using data on Israeli start-ups' financing rounds [J]. European Management Review, 2013, 10 (4): 183-196.

[73] Gulati R., Sytch M. Does familiarity breed trust? Revisiting the antecedents of trust [J]. Managerial and Decision Economics, 2008, 29 (2/3): 165-190.

[74] Hail L., Leuz C. International differences in the cost of equity capital: Do legal institutions and securities regulation matter? [J]. Journal of Accounting Research, 2006, 44 (3): 485-531.

[75] Hamel G. The future of management [J]. Human Resource Management International Digest, 2008, 16 (6): 1-6.

[76] Hamel G. Leading the revolution [M]. Boston: Harvard Business School Press, 2000: 12-40.

[77] Hansen E. L. Entrepreneurial networks and new organization growth [J]. Entrepreneurship Theory and Practice, 1995, 19 (4): 7-19.

[78] Heikkilä M., Bouwman H., Heikkila J. From strategic goals to business model innovation paths: An exploratory study [J]. Journal of Small Business and Enterprise Development, 2017, 25 (1): 107-128.

[79] Hein A., Weking J., Schreieck M., et al. Value co-creation practices in business-to-business platform ecosystems [J]. Electronic Markets, 2019 (29): 503-518.

[80] Heirman A., Clarysse B. How and why do research-based start-ups differ at founding? A resource-based configurational perspective [J]. Journal of Technology Transfer, 2004, 29 (3/4): 247-268.

[81] Helfat C. E., Peteraf M. A. The dynamic resource-based view: Capability lifecycles [J]. Strategic Management Journal, 2003, 10 (24): 997-1010.

[82] Hobfoll S. E. The influence of culture, community, and the nested-self in the stress process: Advancing conservation of resources theory [J]. Applied Psychology: An International Review, 2001, 50 (3): 337-421.

[83] Hoenig D., Henkel J. Quality signals? The role of patents, alliances, and team experience in venture capital financing [J]. Research Policy, 2015, 44 (5): 1049-1064.

[84] Hsieh Jung-Kuei. The effect of frontline employee co-creation on service innovation: Comparison of manufacturing and service industries [J]. Procedia-Social and Behavioral Sciences, 2016 (224): 292-300.

[85] Hu B. Study on components of Internet of Things business model based on canvas model [J]. Technological and Economic Development of Economy, 2015 (2): 6.

[86] Humphrey J., Schmitz H. Governance and upgrading in global value chains [Z]. Paper for the Bellagio value chain in workshop, institute of development studies University of Sussex Brighton BN19RE, UK, 2000.

[87] Ind N., Iglesias O., Markovic S. The co-creation continuum: From tactical market research tool to strategic collaborative innovation method [J]. Journal of Brand Management, 2017, 24 (4): 310-321.

[88] Irwin D., Scott J. M. Barriers faced by SMEs in raising bank finance [J]. International Journal of Entrepreneurial Behaviour and Research, 2010, 16 (3): 245-259.

[89] Jang H., Olfman L., Ko I., et al. The influence of on-line brand community characteristics on community commitment and brand loyalty [J]. International Journal of Electronic Commerce, 2008, 12 (3): 57-80.

[90] Jap S. D., Ganesan S. Control mechanisms and the relationship life-cycle: Implications for safeguarding specific Investments and developing commitment [J]. Journal of Marketing Research, 2000, 37 (2): 227-245.

[91] Johnson M. W., Christensen C. M., Kagermann H. Reinventing your business model [J]. Harvard Business Review, 2008, 86 (12): 57-68.

[92] Joo J., Marakhimov A. Antecedents of customer participation in business e-cosystems: Evidence of customers' psychological ownership in Facebook [J]. Service Business, 2018, 12 (1): 1-23.

[93] Kannan P. K., Reinartz W., Verhoef P. C. The path to purchase and attribution modeling: Introduction to special section [J]. International Journal of Research in Marketing, 2016 (33): 449-456.

[94] Khanagha S., Volberda H., Oshri I. Business model renewal and ambidexterity: Structural alteration and strategy formation process during transition to a Cloud business model [J]. R&D Management, 2014, 44 (3): 322-340.

[95] Kim Y., Slotegraaf R. J. Brand-embedded interaction: A dynamic and personalized interaction for co-creation [J]. Marketing Letters, 2016 (27): 183-193.

[96] Koh L., Orzes G., Jia F. J. The fourth industrial revolution (Industry 4.0): Technologies disruption on operations and supply chain management [J]. International Journal of Operations & Production Management, 2019, 39 (6/7/8).

[97] Kohler T., Fueller J., Matzler K., et al. Co-creation in virtual worlds: The

design of the user experience [J]. MIS Quality, 2011, 35 (3): 773-788.

[98] Kumaraswamy A., Garud R., Ansari S. Perspectives on disruptive innovations [J]. Journal of Management Studies, 2018, 55 (7): 1025-1042.

[99] Langley D. J., Jenny V. D., Ng I. C. L., et al. The internet of everything: Smart things and their impact on business models [J]. Journal of Business Research, 2021 (122): 853-863.

[100] Laudien S. M., Daxböck B. The influence of the industrial internet of things on business model design: A qualitative-empirical analysis [J]. International Journal of Innovation Management, 2016, 20 (8).

[101] Lazzarini S. G., Miller G. J., Zenger T. R. Order with some law: Complementarity vs. substitution of formal and informal arrangement [J]. Journal of Law, Economic and Organization, 2004, 20 (2): 261-298.

[102] Leach D. J., Wall T. D., Jackson P. R. The effect of empowerment on job knowledge: An empirical test involving operators of complex technology [J]. Journal of Occupational and Organizational Psychology, 2003, 76 (1): 27-52.

[103] Lee Y. L., Pan L. Y., Hsu C. H., et al. Exploring the sustainability correlation of value co-creation and customer loyalty: A case study of fitness clubs [J]. Sustainability, 2019, 11 (1): 97.

[104] Lee Y., Cavusgil S. T. Enhancing alliance performance: The effects of contractual-based versus relational-based governance [J]. Journal of Business Research, 2006, 59 (8): 896-905.

[105] Leonard-Barton D. Core capabilities and core rigidities: A paradox in managing new product development [J]. Strategic Management Journal, 1992 (13): 111-125.

[106] Li M. L., Hsu C. Customer participation in services and employee innovative behavior: The mediating role of interpersonal trust [J]. International Journal of Contemporary Hospitality Management, 2018, 30 (4): 2112-2131.

[107] Lin Y., Wu L. Y. Exploring the role of dynamic capabilities in firm performance under the resource-based view framework [J]. Journal of Business Research, 2014, 67 (3): 407-413.

[108] Liu Y. M., He H. W., Zhu W. C. Motivational analyses of the relationship between negative affectivity and workplace helping behaviors: A conservation of resources perspective [J]. Journal of Business Research, 2020 (108): 362-374.

[109] Lobschat L., Müller B., Eggers F., et al. Corporate digital responsibility [J]. Journal of Business Research, 2021 (122): 875-888.

[110] Luftenegger E., Comuzzi M., Grefen P. Designing a tool for service-dominant strategies using action design research [J]. Service Business, 2017, 11 (1): 1-29.

[111] Majchrzak A., Jarvenpaa S. L., Bagherzadeh M. A review of interorganizational collaboration dynamics [J]. Journal of Management, 2015, 41 (5): 1338-1360.

[112] Markovic S., Bagherzadeh M. How does breadth of external stakeholder co-creation influence innovation performance? Analyzing the mediating roles of knowledge sharing and product innovation [J]. Journal of Business Research, 2018 (88): 173-186.

[113] McColl-Kennedy J. R., Vargo S. L., Dagger T. S., et al. Health care customer value cocreation practice styles [J]. Journal of Service Research, 2012, 15 (4): 370-389.

[114] Menor L. J., Tatikonda M. V., Sampson S. E. New service development: Areas for exploitation and exploration [J]. Journal of Operations Management, 2002, 20 (2): 135-157.

[115] Meuleman M., Maeseneire W. D. Do R&D subsidies affect SME's: Access to external financing [J]. Research Policy, 2012, 41 (3): 580-591.

[116] Michael S. L., Hyoung J. S., Amit S., et al. Formal and informal SME financing in the restaurant industry: The impact of macroenvironment [J]. Journal of Hospitality and Tourism Management, 2020 (45): 276-284.

[117] Minnema A., Bijmolt T. H., Gensler S., et al. To keep or not to keep: Effects of online customer reviews on product returns [J]. Journal of Retailing, 2016, 92 (3): 253-267.

[118] Nambisan S., Baron R. A. Interactions in virtual customer environments: Implications for product support and customer relationship management [J]. Journal of Interac-

tive Marketing, 2007, 21 (2): 42-62.

[119] Nambisan S., Baron R. A. Virtual customer environments: Testing a model of voluntary participation in value co-creation activities [J]. Journal of Product Innovation Management, 2009, 26 (4): 388-406.

[120] Nambisan S., Nambisan P. How to profit from a better "virtual customer environment" [J]. MIT Sloan Management Review, 2008, 49 (3): 53-61.

[121] Naqshbandi M. M., Tabche I., Choudhary N. Managing open innovation: the roles of empowering leadership and employee involvement climate [J]. Management Decision, 2019, 57 (3): 703-723.

[122] Nesta L., Saviotti P. P. Coherence of the knowledge base and the firm's innovative performance: Evidence from the US pharmaceutical industry [J]. The Journal of Industrial Economics, 2005, 53 (1): 123-142.

[123] Nigam N., Benetti C., Johan S. Digital start-up access to venture capital financing: What signals quality? [J]. Emerging Markets Review, 2020 (45).

[124] Ordanini A., Pasini P. Service co-production and value cocreation: The case for a service-oriented architecture (SOA) [J]. European Management Journal, 2008, 26 (5): 289-297.

[125] Osterwalder A., Pigneur I. Business model generation: A handbook for visionaries, game changers and challengers [M]. Willey: New Jersey, 2010.

[126] Osterwalder A., Pigneur Y. An ebusiness model ontology for modeling ebusiness [J]. Industrial Organization, 2002.

[127] Palma F. C., Trimi S., Hong S. G. Motivation triggers for customer participation in value co-creation [J]. Service Business, 2019 (13): 557-580.

[128] Perkmann M., Spicer A. What are business models? Developing a theory of performative representation [J]. Research in the Sociology of Organizations, 2010 (29): 265-275.

[129] Prahalad C. K., Hamel G. The core competence of the corporation [J]. Harvard Business Review, 1990 (81): 83-84.

[130] Prahalad C. K., Ramaswamy V. Co-creating unique value with customers. [J]. Strategy & Leadership, 2004, 32 (3): 4-9.

[131] Prem E. A digital transformation business model for innovation [C]. The International Society for Professional Innovation Management (ISPIM), Brisbane, 2015.

[132] Priem R. L., Wenzel M., Koch J. Demand-side strategy and business models: Putting value creation for consumers center stage [J]. Long Range Plan, 2018, 51 (1): 22-31.

[133] Priem R. L. A consumer perspective on value creation [J]. Academy of Management Review, 2007, 32 (1): 219-235.

[134] Pucihar A., Lenart G., KljajićBorštnar M., et al. Drivers and outcomes of business model innovation: Micro, small and medium-sized enterprises perspective [J]. Sustainability, 2019, 11 (2): 344.

[135] Purnima R., Satish K., Vinodh M. A study on factors driving the capital structure decisions of small and medium enterprises (SMEs) in India [J]. IIMB Management Review, 2019, 31 (1): 37-50.

[136] Ranjan K. R., Read S. Value co-creation: Concept and measurement [J]. Journal of the Academy of Marketing Science, 2016, 44 (3): 290-315.

[137] Rappa M. Business models on the web: Managing the digital enterprise [J]. Social Science Electronic Publishing, 2001.

[138] Ritter T., Wilkinson I. F., Johnston W. J. Managing in complex business networks [J]. Industrial Marketing Management, 2004, 3 (3): 175-183.

[139] Rivette K. G., Kline D. Discovering new value in intellectual property [J]. Harvard Business Review, 2000, 78 (1): 54-66.

[140] Rivkin J. W. Imitation of complex strategies [J]. Management Science, 2000, 46 (6): 824-844.

[141] Roberts M. R. The role of dynamic renegotiation and asymmetric information in financial contracting [J]. Journal of Financial Economics, 2015, 116 (1): 61-81.

[142] Roggeveen A., Tsiros M., Grewal D. Understanding the cocreation effect: When does collaborating with customers provide a lift to service recovery? [J]. Journal of the Academy of Marketing Science, 2012, 40 (6): 771-790.

[143] Rovai A. P. Building sense of community at a distance [J]. The Interna-

tional Review of Research in Open and Distributed Learning, 2002, 3 (1): 1-16.

[144] Rüb J., Bahemia H., Schleyer C. An examination of barriers to business model innovation [C]. International Conference on Engineering, Technology and Innovation (ICE/ITMC), 2017.

[145] Ryan R. M., Deci E. L. Self-determination theory and the facilitation of intrinsic motivation, social development, and well-being [J]. American Psychologist, 2000, 55 (1): 68-78.

[146] Saberi S., Kouhizadeh M., Sarkis J., et al. Blockchain technology and its relationships to sustainable supply chain management [J]. International Journal of Production Research, 2019, 57 (7): 2117-2135.

[147] Saebi T. Evolution, Adaption, or Innovation? [EB/OL]. https://www.researchgate.net/publication/299877552_Evolution_Adaptation_or_Innovation/citation/download, 2015.

[148] Sahut J-M, Dana L-P, Laroche M. Digital innovations, impacts on marketing, value chain and business models: An introduction [J]. Canadian Journal of Administrative Sciences, 2020 (37): 61-67.

[149] Sánchez J. M., Vélez M. L., Ramón-Jerónimo M. A. Do suppliers' formal controls damage distributors' trust? [J]. Journal of Business Research, 2012, 65 (7): 896-906.

[150] Santos-Vijande M. L., López-Sánchez J. Á., Rudd J. Frontline employees' collaboration in industrial service innovation: Routes of co-creation's effects on new service performance [J]. Journal of the Academy of Marketing Science, 2016, 44 (3): 1-26.

[151] Schæfer D. The new basel accord and its impact on small and medium-sized companies [J]. German Institute for Economic Research - Economic Bulletin, 2003 (40): 209-214.

[152] Scott S. G., Bruce R. A. Determinants of innovative behavior: A path model of individual innovation in the workplace [J]. The Academy of Management Journal, 1994, 37 (3): 580-607.

[153] Seghers A., Manigart S., Vanacker T. The impact of human and social

capital on entrepreneurs' knowledge of finance alternatives [J]. Journal of Small Business Management, 2012, 50 (1): 63-86.

[154] Shane S., Cable D. Network ties, reputation, and the financing of new ventures [J]. Management Science, 2002, 48 (3): 364-381.

[155] Shi X., Li G., Dong C., et al. Value co-creation behavior in green supply chains: An empirical study [J]. Energies, 2020, 13 (15): 3902.

[156] Shou Y., Shao J., Wang W., et al. The impact of corporate social responsibility on trade credit: Evidence from Chinese small and medium-sized manufacturing enterprises [J]. International Journal of Production Economics, 2020 (230).

[157] Siebold N. Reference points for business model innovation in social purpose organizations: A stakeholder perspective [J]. Journal of Business Research, 2021 (125): 710-719.

[158] Song H., Lu Q., Yu K., et al. How do knowledge spillover and access in supply chain network enhance SMEs' credit quality? [J]. Industrial Management & Data Systems, 2019, 119 (2): 274-291.

[159] Song H., Yang X., Yu K. How do supply chain network and SMEs' operational capabilities enhance working capital financing? An integrative signaling view [J]. International Journal of Production Economics, 2020 (220).

[160] Song H., Wang L. The impact of private and family firms' relational strength on financing performance in clusters [J]. Asia Pacific Journal of Management, 2013, 30 (3): 735-748.

[161] Spence M. Job market signaling [J]. Quarterly Journal of Economics, 1973, 87 (3): 355-374.

[162] Stiglitz J. E., Weiss A. Credit rationing in markets with imperfect information [J]. The American Economic Review, 1981, 71 (3): 393-410.

[163] Su Z., Wang D. Entrepreneurial orientation, control systems, and new venture performance: A dominant logic perspective [J]. Entrepreneurship Research Journal, 2018, 8 (3): 1-17.

[164] Teece D. J. Business models, business strategy and innovation [J]. Long Range Planning, 2010 (2): 172-194.

［165］Teece D. J. Explicating dynamic capabilities：The nature and micro foundations of（sustainable）enterprise performance ［J］. Strategic Management Journal，2007，28（13）：1319-1350.

［166］Teece D. J.，Pisano G.，Shuen A. Dynamic capabilities and strategic management ［J］. Strategic Management Journal，1997，18（7）：509-533.

［167］Tepper B. J.，Dimotakis N.，Lambert L. S.，et al. Examining follower responses to transformational leadership from a dynamic，person-environment fit perspective ［J］. Academy of Management Journal，2018，61（4）：1343-1369.

［168］Thompson J. D.，MacMillan I. C. Business models：Creating new markets and societal wealth ［J］. Long Range Planning，2010（43）：291-307.

［169］Tian H.，Otchere S. K.，Coffie C.，et al. Supply chain integration, interfirm value co-creation and firm performance nexus in Ghanaian SMEs：Mediating roles of stakeholder pressure and innovation capability ［J］. Sustainability，2021，13（4）：1.

［170］Torre A.，Peria M.，Schmukler S. L. Bank involvement with SMEs：Beyond relationship lending ［J］. Journal of Banking & Finance，2010，34（9）：2280-2293.

［171］Turber S.，Brocke J. V.，Gassmann O.，et al. Designing business models in the era of internet of things ［C］. International Conference on Design Science Research in Information Systems，Springer，Heidelberg，2014.

［172］Turber S.，Brocke J. V.，Gassmann O. Designing business models in the age of pervasive digitization ［C］. Academy of Management Annual Meeting，2015.

［173］Ullah B. Signaling value of quality certification：Financing under asymmetric information ［J］. Journal of Multinational Financial Management，2020（55）.

［174］Uzzi B.，Lancaster R. Relational embeddedness and learning：The case of bank loan managers and their clients ［J］. Management Science，2003，49（4）：383-399.

［175］Valentina B.，Robert H. The real effect of foreign banks ［J］. Review of Finance，2015（5）：1683-1716.

［176］Vargo S. L.，Lusch R. F. It's all B2B and beyond：Toward a systems perspective of the market [J]. Industrial Marketing Management, 2011, 40 (2): 181-187.

[177] Vargo S. L., Lusch R. F. Evolving to a new dominant logic for marketing [J]. Journal of Marketing, 2004, 68 (1): 1-17.

[178] Vargo S. L., Lusch R. F. Institutions and axioms: An extension and update of service–dominant Logic [J]. Journal of the Academy of Marketing Science, 2016, 44 (1): 5-23.

[179] Vázquez–Casielles R., Iglesias V., Varela–Neira C. Co-creation and service recovery process communication: Effects on satisfaction, repurchase intentions, and word of mouth [J]. Service Business, 2017, 11 (2): 321-343.

[180] Verhoef P. C., Broekhuizen T., Bart Y., et al. Digital transformation: A multidisciplinary reflection and research agenda [J]. Journal of Business Research, 2021 (122): 889-901.

[181] Wallace J. C., Butts M. M., Johnson P. D., et al. A multilevel model of employee innovation: Understanding the effects of regulatory focus, thriving, and employee innovation climate [J]. Journal of Management, 2016 (4): 982-1004.

[182] Walter A., Auer M., Ritter T. The Impact of network capabilities and entrepreneurial orientation on university spin–off performance [J]. Journal of Business Venturing, 2006, 21 (4): 541-567.

[183] Wang R., Lin Z., Luo H. Blockchain, bank credit and SME financing [J]. Quality & Quantity: International Journal of Methodology, 2019 (53): 1127-1140.

[184] Wellalage N. H., Boubaker S., Hunjra A. I., et al. The gender gap in access to finance: Evidence from the COVID-19 pandemic [J]. Finance Research Letters, 2021 (3).

[185] Wellalage N. H., Fernandez V. Innovation and SME finance: Evidence from developing countries [J]. International Review of Financial Analysis, 2019 (66).

[186] Wernerfelt B. A resource–based view of the firm [J]. Strategy Management, 1984, 5 (2): 171-180.

[187] Westman M., Hobfoll S. E., Chen S., et al. Organizational stress

through the lens of conservation of resources (COR) theory [J]. Research in Occupational Stress & Well Being, 2004 (4): 167-220.

[188] Wieringa J., Kannan P. K., Ma X., et al. Data analytics in a privacy-concerned world [J]. Journal of Business Research, 2021 (122): 915-925.

[189] Wu L. Y. Entrepreneurial resources, dynamic capabilities and start-up performance of Taiwan's high-tech firms [J]. Journal of Business Research, 2007, 60 (5): 549-555.

[190] Wu W., Firth M., Rui O. M. Trust and the provision of trade credit [J]. Journal of Banking & Finance, 2014 (39): 146-159.

[191] Wuyts S., Geyskens I. The formation of buyer supplier relationships: Setailed contract drafting and close partner selection [J]. Journal of Marketing, 2005, 69 (4): 103-117.

[192] Xia C., Zhang X., Cao C., et al. Independent director connectedness in China: an examination of the trade credit financing hypothesis [J]. International Review of Economics & Finance, 2019 (63): 209-225.

[193] Ye G., Priem R. L., Alshwer A. A. Achieving demand-side synergy from strategic diversification: How combining mundane assets can leverage consumer utilities [J]. Organization Science, 2012, 23 (1): 207-224.

[194] Yi Y., Gong T. Customer value co-creation behavior: Scale development and validation [J]. Journal of Business Research, 2013, 66 (9): 1279-1284.

[195] Yildirim H. S., Akci Y., Eksi I. H. The effect of firm characteristics in accessing credit for SMEs [J]. Journal of Financial Services Marketing, 2013, 18 (1): 40-52.

[196] Zaborek P., Mazur J. Enabling value co-creation with consumers as a driver of business performance: A dual perspective of Polish manufacturing and service SMEs [J]. Journal of Business Research, 2019 (104): 541-551.

[197] Zhang H., Lu Y., Wang B., et al. The impacts of technological environments and co-creation experiences on customer participation [J]. Information & Management, 2015, 52 (4): 468-482.

[198] Zhang N., Liang Q., Li H., et al. The organizational relationship-based

political connection and debt financing: Evidence from Chinese private firms [J]. Bulletin of Economic Research, 2021.

[199] Zolnowski A., Weiss C., Böhmann T. Representing service business models with the service business model canvas—the case of a mobile payment service in the retail industry [C]. Hawaii International Conference on System Sciences (HICSS), IEEE, 2014.

[200] Zott C., Amit R. Designing your future business model: An activity system perspective [J]. Long Range Planning, 2010 (43): 216-226.

[201] Zott C., Amit R., Masssa L. The business model: Recent developments and future research [J]. Journal of Management, 2011, 37 (4): 1019-1042.

[202] Zott C., Amit R. The business model: A theoretically anchored robust construct for strategic analysis [J]. Strategic Organization, 2013, 11 (4): 403-411.

[203] 白宏. 现代商业模式的本质属性与结构特征研究 [D]. 东华大学, 2012.

[204] 白鸥, 魏江, 斯碧霞. 关系还是契约: 服务创新网络治理和知识获取困境 [J]. 科学学研究, 2015, 33 (9): 1432-1440.

[205] 鲍舟波. 未来已来: 数字化时代的商业模式创新 [M]. 北京: 中信出版集团, 2018.

[206] 曹红军, 卢长宝, 王以华. 资源异质性如何影响企业绩效: 资源管理能力调节效应的检验和分析 [J]. 南开管理评论, 2011, 14 (4): 25-31.

[207] 陈春花, 朱丽. 协同: 组织效率新来源 [J]. 清华管理评论, 2019 (10): 14-21.

[208] 陈春花. 面向未来的"共生" [J]. 企业管理, 2019 (4): 6-9.

[209] 陈昆玉. 上市公司技术创新、融资与成长 [J]. 科研管理, 2015, 36 (3): 64-70.

[210] 陈岩, 张尧, 马秋莹. 人力资源管理强度能够提升员工创新行为吗？基于服务业企业的研究 [J]. 中国人力资源开发, 2020, 37 (3): 31-42.

[211] 陈运森. "结构洞"网络位置与商业信用 [A] //中国会计学会. 中国会计学会 2013 年学术年会论文集 [C]. 中国会计学会: 中国会计学会, 2013.

[212] 崔海云, 施建军. 结构洞、外向型开放式创新与企业市场能力的关系

研究［J］．贵州社会科学，2016（2）：55-61．

［213］东方财富网．数字化转型加速连接、在线、协同、匹配是四大关键词［EB/OL］．https：//baijiahao．baidu．com/s？id＝1684064450744493024&wfr＝spider& for＝pc．

［214］范秀成，王静．顾客参与服务创新的激励问题——理论、实践启示及案例分析［J］．中国流通经济，2014，28（10）：79-86．

［215］高孟立．合作创新中机会主义行为的相互性及治理机制研究［J］．科学学研究，2017，35（9）：1422-1433．

［216］高照军，武常岐．制度理论视角下的企业创新行为研究——基于国家高新区企业的实证分析［J］．科学学研究，2014，32（10）：1580-1592．

［217］关新华，谢礼珊．价值共毁：内涵、研究议题与展望［J］．南开管理评论，2019，22（6）：88-98．

［218］韩炜，杨俊，胡新华，等．商业模式创新如何塑造商业生态系统属性差异？——基于两家新创企业的跨案例纵向研究与理论模型构建［J］．管理世界，2021，37（1）：88-107+7．

［219］韩炜，杨俊，张玉利．创业网络混合治理机制选择的案例研究［J］．管理世界，2014（2）：118-136．

［220］胡乐炜，赵晶，江毅．基于互联网平台的服务型企业知识共享能力形成及作用过程研究——权变理论视角［J］．管理评论，2018，30（10）：95-105．

［221］简兆权，肖霄．网络环境下的服务创新与价值共创：携程案例研究［J］．管理工程学报，2015，29（1）：20-29．

［222］江积海，李琴．平台型商业模式创新中连接属性影响价值共创的内在机理——Airbnb的案例研究［J］．管理评论，2016，28（7）：252-260．

［223］江积海，廖芮．商业模式创新中场景价值共创动因及作用机理研究［J］．科技进步与对策，2017，34（8）：20-28．

［224］江积海．商业模式是"新瓶装旧酒"吗？——学术争议、主导逻辑及理论基础［J］．研究与发展管理，2015，27（2）：12-24．

［225］姜尚荣，乔晗，张思，等．价值共创研究前沿：生态系统和商业模式创新［J］．管理评论，2020，32（2）：3-17．

［226］解学梅，王宏伟．开放式创新生态系统价值共创模式与机制研究

[J]. 科学学研究, 2020, 38 (5): 912-924.

[227] 李慧, 王晓琦. 国防科技企业间协同能力、知识共享与网络组织效率关系研究——以陕西省为例 [J]. 科技进步与对策, 2017, 34 (11): 95-101.

[228] 李锐, 于晴, 陶秋燕. 创业网络对前瞻型—反应型顾客商业模式设计的影响——城市等级的调节作用 [J]. 经济与管理研究, 2020, 41 (6): 119-130.

[229] 李伟, 梅继霞. 领导授权赋能对员工创新行为影响研究——一个有调节的中介模型 [J]. 软科学, 2018, 32 (12): 75-79.

[230] 李燕琴, 陈灵飞, 俞方圆. 基于价值共创的旅游营销运作模式与创新路径案例研究 [J]. 管理学报, 2020, 17 (6): 899-906.

[231] 李正昕, 吴婵君. 商业模式对股权众筹融资绩效的影响——基于初创型多边平台企业的实证研究 [J]. 企业经济, 2018 (1): 117-124.

[232] 刘超, 傅若瑜, 李佳慧, 等. 基于 DEA-Tobit 方法的人工智能行业上市公司融资效率研究 [J]. 运筹与管理, 2019, 28 (6): 144-152.

[233] 刘凯宁, 樊治平, 于超. 基于 NK 模型的商业模式创新路径选择 [J]. 管理学报, 2017, 14 (11): 1650-1661.

[234] 卢强, 刘贝妮, 宋华. 中小企业能力对供应链融资绩效的影响: 基于信息的视角 [J]. 南开管理评论, 2019, 22 (3): 122-136.

[235] 卢珊, 蔡莉, 詹天悦, 等. 组织共生关系: 研究述评与展望 [J/OL]. 外国经济与管理: 1-17, [2021-08-30]. https://doi.org/10.16538/j.cnki.fem.20210519.401.

[236] 陆杉, 高阳. 供应链的协同合作: 基于商业生态系统的分析 [J]. 管理世界, 2007 (5): 160-161.

[237] 吕文晶, 陈劲, 汪欢吉. 组织间依赖研究述评与展望 [J]. 外国经济与管理, 2017, 39 (2): 72-85.

[238] 梅亮, 陈春花, 刘超. 连接式共生: 数字化情境下组织共生的范式涌现 [J]. 科学学与科学技术管理, 2021, 42 (4): 33-48.

[239] 史丽萍, 刘强, 唐书林. 团队自省性对团队学习能力的作用机制研究——基于交互记忆系统的中介作用和内部控制机制的调节作用 [J]. 管理评论, 2013, 23 (5): 102-115.

[240] 宋华, 陈思洁, 于亢亢. 商业生态系统助力中小企业资金柔性提升: 生态规范机制的调节作用 [J]. 南开管理评论, 2018, 21 (3): 11-22+34.

[241] 宋华, 陈思洁. 供应链整合、创新能力与科技型中小企业融资绩效的关系研究 [J]. 管理学报, 2019, 16 (3): 379-388.

[242] 宋华, 卢强. 什么样的中小企业能够从供应链金融中获益?——基于网络和能力的视角 [J]. 管理世界, 2017 (6): 104-121.

[243] 孙永波, 丁沂昕, 王勇. 价值共创互动行为对品牌权益的作用研究 [J]. 外国经济与管理, 2018, 40 (4): 125-139+152.

[244] 唐方成, 蒋沂桐. 虚拟品牌社区中顾客价值共创行为研究 [J]. 管理评论, 2018, 30 (12): 131-141.

[245] 王发明, 朱美娟. 创新生态系统价值共创行为影响因素分析——基于计划行为理论 [J]. 科学学研究, 2018, 36 (2): 370-377.

[246] 王辉, 武朝艳, 张燕等. 领导授权赋能行为的维度确认与测量 [J]. 心理学报, 2008, 40 (12): 1297-1305.

[247] 王琳, 陈志军. 价值共创如何影响创新型企业的即兴能力?——基于资源依赖理论的案例研究 [J]. 管理世界, 2020, 36 (11): 113-128+149.

[248] 王新新, 万文海. 消费领域共创价值的机理及对品牌忠诚的作用研究 [J]. 管理科学, 2012, 25 (5): 52-65.

[249] 王学娟. 员工—顾客价值共创对服务创新影响的跨层次研究 [D]. 吉林大学, 2020.

[250] 王子阳, 魏炜, 朱武祥. 组织激活与基于商业模式创新驱动的管理工具构建——海尔集团董事局主席张瑞敏的管理之道 [J]. 管理学报, 2019, 16 (12): 1739-1750.

[251] 卫海英, 骆紫薇. 中国的服务企业如何与顾客建立长期关系?——企业互动导向、变革型领导和员工互动响应对中国式顾客关系的双驱动模型 [J]. 管理世界, 2014 (1): 105-119.

[252] 魏华飞, 古继宝, 张淑林. 授权型领导影响知识型员工创新的信任机制 [J]. 科研管理, 2020, 41 (4): 103-111.

[253] 魏巍, 彭纪生, 华斌. 资源保存视角下高绩效人力资源系统对员工突破式创造力的双刃剑效应 [J]. 管理评论, 2020, 32 (8): 215-227.

[254] 魏炜，朱武祥，林桂平．基于利益相关者交易结构的商业模式理论[J]．管理世界，2012（12）：125-131.

[255] 魏炜，王子阳，朱武祥．硬科技更需"变现"模式创新[J]．中欧商业评论，2019（8）：44-51.

[256] 温馨，贾俊秀．顾客参与研发过程的价值共创机理与策略研究[J]．运筹与管理，2018，27（11）：105-114.

[257] 吴瑶，肖静华，谢康，等．从价值提供到价值共创的营销转型——企业与消费者协同演化视角的双案例研究[J]．管理世界，2017（4）：138-157.

[258] 向姝婷，赵锴，宁南．''赋能''还是''负担''？领导者授权行为对员工工作行为影响的双刃剑效应探究[J]．心理科学进展，2020，28（11）：1814-1835.

[259] 项国鹏，娄淑珍，王节祥．谁更受青睐：创业企业融资可得性的定性比较分析[J]．科学学研究，2019，37（9）：1642-1650.

[260] 肖兴志，何文韬，郭晓丹．能力积累、扩张行为与企业持续生存时间——基于我国战略性新兴产业的企业生存研究[J]．管理世界，2014（2）：77-89.

[261] 谢雅萍，黄美娇．社会网络、创业学习与创业能力——基于小微企业创业者的实证研究[J]．科学学研究，2014，32（3）：400-409+453.

[262] 闫慧丽，彭正银．嵌入视角下社交电商平台信任机制研究——基于扎根理论的探索[J]．科学决策，2019（3）：47-72.

[263] 杨德祥，侯艳君，张惠琴．社会资本对企业员工创新行为的影响——知识共享和信任的中介效应[J]．科技进步与对策，2017（20）：139-146.

[264] 曾繁旭，王宇琦．传媒创业项目的融资：风险资本青睐的商业模式[J]．中国地质大学学报（社会科学版），2019，19（1）：120-131.

[265] 张宝建，裴梦丹，陈劲，等．价值共创行为、网络嵌入与创新绩效——组织距离的调节效应[J]．经济管理，2021，43（5）：109-124.

[266] 张婧，邓卉．品牌价值共创的关键维度及其对顾客认知与品牌绩效的影响：产业服务情境的实证研究[J]．南开管理评论，2013，16（2）：104-115.

[267] 张婧，何勇．服务主导逻辑导向与资源互动对价值共创的影响研究[J]．科研管理，2014，35（1）：115-122.

[268] 张悦, 沈蕾, 穆钰, 等. 创意生态圈多主体价值共创研究——基于宁波和丰创意广场的案例研究 [J]. 研究与发展管理, 2020, 32 (3): 165-178.

[269] 赵宏霞, 王新海, 周宝刚. B2C 网络购物中在线互动及临场感与消费者信任研究 [J]. 管理评论, 2015, 27 (2): 43-54.

[270] 赵文, 王娜. 二元网络背景下中国海归企业绩效提升路径研究——基于模糊集的定性比较分析 [J]. 科学学与科学技术管理, 2017, 38 (5): 128-139.

[271] 赵晓煜, 孙福权. 网络创新社区中顾客参与创新行为的影响因素 [J]. 技术经济, 2013, 32 (11): 14-20+49.

[272] 周中胜, 罗正英, 段姝. 网络嵌入、信息共享与中小企业信贷融资 [J]. 中国软科学, 2015 (5): 119-128.

[273] 朱勤, 孙元, 周立勇. 平台赋能、价值共创与企业绩效的关系研究 [J]. 科学学研究, 2019, 37 (11): 2026-2033+2043.

附录一 预调研问卷

（一）零距离连接与股权融资可得性研究预调研问卷

尊敬的女士/先生：

非常感谢您在百忙之中填写本次问卷。本次调查的目的是就顾客角度的零距离连接和企业股权融资可得性之间关系进行实证调研，调研结果将仅用于学术研究。

我们郑重承诺：将会对所有参与调研企业的数据保密，同时本次调研的最终结果也将与贵企业共享，对您会有所帮助。我们对您的真诚合作致以衷心的感谢。

此致
敬礼！

西安财经大学商学院

一、特别说明

本问卷是匿名的，但我们需要得到一些您公司的信息，以便在不同群体间相互比较，所以麻烦您真实填写，否则这份问卷就会无效，感谢您的配合！

1. 公司规模（请打钩）：

1~20人（ ）	21~50人（ ）	51~100人（ ）
101~500人（ ）	501~1000人（ ）	

2. 公司成立年限（请打钩）：

<1年（ ）	1~4年（ ）	5~7年（ ）
8~15年（ ）	>15年（ ）	

3. 产权性质（请打钩）：

国有（ ）	非国有（ ）

二、调查问卷

请根据您所在的组织的具体情况填写，1~5分别表示陈述的准确性。
1是非常不同意 2是较不同意 3是没意见 4是较同意 5是非常同意
（请根据您的第一印象回答，答案没有对错之分）

题项	非常不同意——→非常同意				
我们公司利用数字技术广泛连接客户，维系的客户规模大	1	2	3	4	5
我们公司很容易与新顾客建立关系	1	2	3	4	5
我们公司与顾客交流的范围非常广	1	2	3	4	5
我们公司与顾客的关系非常稳定	1	2	3	4	5
我们公司与顾客交流非常频繁	1	2	3	4	5
我们公司与顾客关系非常亲密	1	2	3	4	5
顾客经常参与我们的新产品评测活动	1	2	3	4	5
顾客经常参与我们的新产品推广活动	1	2	3	4	5
顾客经常参与我们的新产品创意征集活动	1	2	3	4	5
根据我们的了解，顾客会在生活中与亲友讨论我们的产品	1	2	3	4	5
根据我们的了解，顾客会在其他平台上与他人谈论我们的产品	1	2	3	4	5
与竞争对手相比，我们公司的市场份额增长很快	1	2	3	4	5
我们公司的销售利润率提高较快	1	2	3	4	5
我们公司拥有较难模仿的差异化产品或服务	1	2	3	4	5
与竞争对手相比，我们公司的销售额增长很快	1	2	3	4	5
我们公司的股权融资满足程度高	1	2	3	4	5
与行业相比，我们公司股权融资满足程度高	1	2	3	4	5

续表

题项	非常不同意——→非常同意				
与融资目标相比，我们公司股权融资满足程度高	1	2	3	4	5
我们公司股权融资能力强	1	2	3	4	5
与行业相比，我们公司股权融资能力强	1	2	3	4	5
我们公司股权融资的成功率较高	1	2	3	4	5
顾客参与企业活动会得到褒奖	1	2	3	4	5
我们公司对顾客的参与行为提供一定的符号奖励（如会员升级、特殊的成员身份等）	1	2	3	4	5
我们公司对顾客的参与行为提供一定的物质奖励（如奖金、对购买产品的成员给予一定的折扣等）	1	2	3	4	5

（二）知识共生与债权融资可得性研究预调研问卷

尊敬的女士/先生：

非常感谢您在百忙之中填写本次问卷。本次调查的目的是就产业利益相关者角度的知识共生和企业债权融资可得性之间关系进行实证调研，调研结果将仅用于学术研究。其中，"产业利益相关者"是指上下游供应链、产业合作伙伴等利益相关主体。

我们郑重承诺：将会对所有参与调研企业的数据保密，同时本次调研的最终结果也将与贵企业共享，对您会有所帮助。我们对您的真诚合作致以衷心的感谢。

此致
敬礼！

西安财经大学商学院

一、特别说明

本问卷是匿名的，但我们需要得到一些您公司的信息，以便在不同群体间相互比较，所以麻烦您真实填写，否则这份问卷就会无效，感谢您的配合！

1. 公司规模（请打钩）：

1~20人（ ）	21~50人（ ）	51~100人（ ）
101~500人（ ）	501~1000人（ ）	

2. 公司成立年限（请打钩）：

<1年（ ）	1~4年（ ）	5~7年（ ）
8~15年（ ）	>15年（ ）	

3. 产权性质（请打钩）：

国有（ ）	非国有（ ）

二、调查问卷

请根据您所在的组织的具体情况填写，1~5分别表示陈述的准确性。

1是非常不同意　2是较不同意　3是没意见　4是较同意　5是非常同意

（请根据您的第一印象回答，答案没有对错之分）

题项	非常不同意——→非常同意				
我们与关键产业利益相关者之间的知识/资源/能力等具有高度的互补性	1	2	3	4	5
我们与关键产业利益相关者之间的知识共享文化是兼容的	1	2	3	4	5
我们与关键产业利益相关者之间的知识共享和管理风格是相互兼容的	1	2	3	4	5
我们与关键产业利益相关者的合作没有损害对方利益	1	2	3	4	5
我们与关键产业利益相关者之间的知识共享具有互利性	1	2	3	4	5
我们与关键产业利益相关者之间的知识协同具有合理的分工	1	2	3	4	5
关键产业利益相关者会参与我们产品的设计过程	1	2	3	4	5
关键产业利益相关者会与我们合作改进运作流程	1	2	3	4	5
关键产业利益相关者会与我们合作进行新产品开发	1	2	3	4	5
关键产业利益相关者会参与我们的战略规划过程	1	2	3	4	5
当外部环境发生变化时，我们能够与组织成员联合起来抵抗风险	1	2	3	4	5
我们与关键产业利益相关者进行优势互补，产生了"1+1>2"的效果	1	2	3	4	5
与关键产业利益相关者的协同使我们能更加有效地进行资源配置	1	2	3	4	5
与关键产业利益相关者的合作，大大增加了我们在市场上的话语权	1	2	3	4	5

续表

题项	非常不同意——→非常同意				
我们能够与关键产业利益相关者联合起来高效响应外部环境的变化	1	2	3	4	5
我们公司的商业信用融资满足程度高	1	2	3	4	5
与行业相比,我们公司商业信用融资满足程度高	1	2	3	4	5
我们公司的商业信用融资能力强	1	2	3	4	5
我们公司的金融性负债融资满足程度高	1	2	3	4	5
与行业相比,我们公司金融性负债融资满足程度高	1	2	3	4	5
我们公司金融性负债融资能力强	1	2	3	4	5
我们和关键产业利益相关者依据契约开展互动	1	2	3	4	5
我们和关键产业利益相关者有很详细的合同协议	1	2	3	4	5
我们和关键产业利益相关者的合同协议详述了双方的义务	1	2	3	4	5
我们和关键产业利益相关者的合同中明确规定了出现争议时的解决办法	1	2	3	4	5
不能达到合同规定目标时合同中有明确如何处理的法律方案	1	2	3	4	5

(三) 授权赋能与内源融资可得性研究预调研问卷

尊敬的女士/先生:

非常感谢您在百忙之中填写本次问卷。本次调查的目的是就员工角度的授权赋能和企业内源融资可得性之间关系进行实证调研,调研结果将仅用于学术研究。

我们郑重承诺:将会对所有参与调研人员的数据保密。我们对您的真诚合作致以衷心的感谢。

此致

敬礼!

西安财经大学商学院

一、特别说明

本问卷是匿名的，但我们需要得到一些您公司的信息，以便在不同群体间相互比较，所以麻烦您真实填写，否则这份问卷就会无效，感谢您的配合！

1. 公司规模（请打钩）：

1~20人（　）	21~50人（　）	51~100人（　）
101~500人（　）	501~1000人（　）	

2. 公司成立年限（请打钩）：

<1年（　）	1~4年（　）	5~7年（　）
8~15年（　）	>15年（　）	

3. 产权性质（请打钩）：

国有（　）	非国有（　）

二、调查问卷

请根据您所在组织及您个人的具体情况填写，1~5分别表示陈述的准确性。1是非常不同意　2是较不同意　3是没意见　4是较同意　5是非常同意（请根据您的第一印象回答，答案没有对错之分）

题项	非常不同意——非常同意				
我的主管很关心我的个人成长和职业生涯的规划	1	2	3	4	5
我的主管经常给我提供培训和学习的机会	1	2	3	4	5
我的主管允许我工作中出现失误，使我能够从中学到东西	1	2	3	4	5
我的主管会因为我工作任务完成出色而为我争取升职的机会	1	2	3	4	5
我的主管会因为我工作任务完成出色而为我争取加薪的机会	1	2	3	4	5
我的主管经常为我创造露脸和锻炼的机会	1	2	3	4	5
我的主管会定期抽查我的工作是否在顺利地进行	1	2	3	4	5
我的主管会因为我没完成工作目标而给予批评	1	2	3	4	5
我的主管会严肃地指出我工作中的过错	1	2	3	4	5
我的主管不干涉我职权范围内的工作	1	2	3	4	5
我的主管充分授权，让我全面负责我所承担的工作	1	2	3	4	5

续表

题项	非常不同意——→非常同意				
我的主管给我相应的权限,让我在工作中能自主决策	1	2	3	4	5
我的主管为我设定工作目标,并要求我确保完成	1	2	3	4	5
我的主管注重工作目标	1	2	3	4	5
我的主管按时考核我的工作是否完成	1	2	3	4	5
我的主管经常询问我的工作进展情况	1	2	3	4	5
我的主管注重工作结果	1	2	3	4	5
在工作中遇到问题时,我的主管积极倾听我的意见和建议	1	2	3	4	5
在做决策时,我的主管尊重和重视我的建议	1	2	3	4	5
我的主管经常创造机会使我能充分发表自己的意见	1	2	3	4	5
涉及我和我的工作时,我的主管在做决策前会征求我的意见	1	2	3	4	5
我的主管经常鼓励我,增强我的信心	1	2	3	4	5
当我在工作中遇到困难时,我的主管会及时给予帮助	1	2	3	4	5
我的主管对我的工作给予足够的支持	1	2	3	4	5
与财务回报相比,我的公司更注重战略收益	1	2	3	4	5
我公司的管理层经常和员工交流竞争者的信息	1	2	3	4	5
我的公司强调创新的重要性,认为创新比短期财务回报重要	1	2	3	4	5
我的公司设置很高的财务目标	1	2	3	4	5
我的公司要求很高的产品销售收入	1	2	3	4	5
我的公司对团队短期发展的要求很高	1	2	3	4	5
我的公司对基于个人短期绩效的薪酬增长要求很高	1	2	3	4	5
我会积极与公司分享我获得的想法和意见,以帮助公司进一步改进其产品和服务	1	2	3	4	5
我会积极响应客户提出的问题	1	2	3	4	5
我会与顾客进行积极的交流和沟通	1	2	3	4	5
我会主动与顾客一起制订服务计划	1	2	3	4	5
我会主动为顾客解决问题	1	2	3	4	5
我对顾客坦诚相待	1	2	3	4	5

续表

题项	非常不同意——→非常同意				
对我来说，保持与顾客的关系很重要	1	2	3	4	5
为了维系与顾客的关系，我会适时调整	1	2	3	4	5
"合作与让步"是维系良好客户关系的关键因素	1	2	3	4	5
我会搜索新技术、新流程或新的产品创意	1	2	3	4	5
我会为公司提出新想法、新创意	1	2	3	4	5
我会向他人宣传创意，会支持他人创意	1	2	3	4	5
我会调查并努力落实新想法所需的资金	1	2	3	4	5
我会为新想法的实施制订适当的计划和时间表	1	2	3	4	5
我认为自己的行为经常是创新的	1	2	3	4	5
我们公司的内源融资满足程度高	1	2	3	4	5
与行业相比，我们公司内源融资满足程度高	1	2	3	4	5
我们公司的内源融资大概能够满足融资目标	1	2	3	4	5
我们公司的内源融资能力强	1	2	3	4	5
与行业相比，我们公司内源融资能力强	1	2	3	4	5
我们公司经常运用内源融资补充企业发展资金	1	2	3	4	5

附录二　正式调研问卷

（一）零距离连接与股权融资可得性研究正式调研问卷

尊敬的女士/先生：

非常感谢您在百忙之中填写本次问卷。本次调查的目的是就顾客角度的零距离连接和企业股权融资可得性之间关系进行实证调研，调研结果将仅用于学术研究。

我们郑重承诺：将会对所有参与调研企业的数据保密，同时本次调研的最终结果也将与贵企业共享，对您会有所帮助。我们对您的真诚合作致以衷心的感谢。

此致

敬礼！

西安财经大学商学院

一、特别说明

本问卷是匿名的，但我们需要得到一些您公司的信息，以便在不同群体间相互比较，所以麻烦您真实填写，否则这份问卷就会无效，感谢您的配合！

1. 公司规模（请打钩）：

1~20人（ ）	21~50人（ ）	51~100人（ ）
101~500人（ ）	501~1000人（ ）	

2. 公司成立年限（请打钩）：

<1年（ ）	1~4年（ ）	5~7年（ ）
8~15年（ ）	>15年（ ）	

3. 产权性质（请打钩）：

国有（ ）	非国有（ ）

二、调查问卷

请根据您所在的组织的具体情况填写，1~5分别表示陈述的准确性。

1是非常不同意　2是较不同意　3是没意见　4是较同意　5是非常同意

（请根据您的第一印象回答，答案没有对错之分）

问卷当中提到的"股权融资"是指企业通过让出部分所有权、引进新股东，而获得资金的方式。如对下列题项有任何不清楚的地方，请随时联系：187＊＊＊＊＊＊＊＊。

题项	非常不同意——非常同意
我们公司利用数字技术广泛连接客户，维系的客户规模大	1　2　3　4　5
我们公司很容易与新顾客建立关系	1　2　3　4　5
我们公司与顾客交流的范围非常广	1　2　3　4　5
我们公司与顾客的关系非常稳定	1　2　3　4　5
我们公司与顾客交流非常频繁	1　2　3　4　5
我们公司与顾客关系非常亲密	1　2　3　4　5
顾客经常参与我们的新产品评测活动	1　2　3　4　5
顾客经常参与我们的新产品推广活动	1　2　3　4　5
顾客经常参与我们的新产品创意征集活动	1　2　3　4　5
根据我们的了解，顾客会在生活中与亲友讨论我们的产品	1　2　3　4　5
根据我们的了解，顾客会在其他平台上与他人谈论我们的产品	1　2　3　4　5
与竞争对手相比，我们公司的市场份额增长很快	1　2　3　4　5
我们公司的销售利润率提高较快	1　2　3　4　5
我们公司拥有较难模仿的差异化产品或服务	1　2　3　4　5
与竞争对手相比，我们公司的销售额增长很快	1　2　3　4　5

续表

题项	非常不同意──→非常同意				
我们公司的股权融资满足程度高	1	2	3	4	5
与行业相比,我们公司股权融资满足程度高	1	2	3	4	5
与融资目标相比,我们公司股权融资满足程度高	1	2	3	4	5
我们公司股权融资能力强	1	2	3	4	5
与行业相比,我们公司股权融资能力强	1	2	3	4	5
我们公司股权融资的成功率较高	1	2	3	4	5
顾客参与企业活动会得到褒奖	1	2	3	4	5
我们公司对顾客的参与行为提供一定的符号奖励(如会员升级、特殊的成员身份等)	1	2	3	4	5
我们公司对顾客的参与行为提供一定的物质奖励(如奖金、对购买产品的成员给予一定的折扣等)	1	2	3	4	5
我们公司与顾客间总体亲密程度非常高	1	2	3	4	5
我们公司与顾客间互动频率非常高	1	2	3	4	5
我们公司与顾客间互动程度非常深入	1	2	3	4	5

(二) 知识共生与债权融资可得性研究正式调研问卷

尊敬的女士/先生:

非常感谢您在百忙之中填写本次问卷。本次调查的目的是就产业利益相关者角度的知识共生和企业债权融资可得性之间关系进行实证调研,调研结果将仅用于学术研究。其中,"产业利益相关者"是指上下游供应链、产业合作伙伴等利益相关主体。

我们郑重承诺:将会对所有参与调研企业的数据保密,同时本次调研的最终结果也将与贵企业共享,对您会有所帮助。我们对您的真诚合作致以衷心的感谢。

此致

敬礼!

西安财经大学商学院

一、特别说明

本问卷是匿名的,但我们需要得到一些您公司的信息,以便在不同群体间相互比较,所以麻烦您真实填写,否则这份问卷就会无效,感谢您的配合!

1. 公司规模(请打钩):

1~20人(　)	21~50人(　)	51~100人(　)
101~500人(　)	501~1000人(　)	

2. 公司成立年限(请打钩):

<1年(　)	1~4年(　)	5~7年(　)
8~15年(　)	>15年(　)	

3. 产权性质(请打钩):

国有(　)	非国有(　)

二、调查问卷

请根据您所在的组织的具体情况填写,1~5分别表示陈述的准确性。
1是非常不同意　2是较不同意　3是没意见　4是较同意　5是非常同意
(请根据您的第一印象回答,答案没有对错之分)

问卷当中提到的"商业信用融资"是指企业利用其商业信用,在销售商品、提供服务的经营过程中向客户筹集资金的行为,如暂欠供应商货款得到周转资金;"金融性负债融资"是指通过银行或非银行金融机构融入资金,如向银行借款。如对下列题项有任何不清楚的地方,请随时联系:187********。

题项	非常不同意——→非常同意				
我们与关键产业利益相关者之间的知识/资源/能力等具有高度的互补性	1	2	3	4	5
我们与关键产业利益相关者之间的知识共享文化是兼容的	1	2	3	4	5
我们与关键产业利益相关者之间的知识共享和管理风格是相互兼容的	1	2	3	4	5
我们与关键产业利益相关者的合作没有损害对方利益	1	2	3	4	5

续表

题项	非常不同意——→非常同意				
我们与关键产业利益相关者之间的知识共享具有互利性	1	2	3	4	5
我们与关键产业利益相关者之间的知识协同具有合理的分工	1	2	3	4	5
关键产业利益相关者会参与我们产品的设计过程	1	2	3	4	5
关键产业利益相关者会与我们合作改进运作流程	1	2	3	4	5
关键产业利益相关者会与我们合作进行新产品开发	1	2	3	4	5
关键产业利益相关者会参与我们的战略规划过程	1	2	3	4	5
当外部环境发生变化时，我们能够与组织成员联合起来抵抗风险	1	2	3	4	5
我们与关键产业利益相关者进行优势互补，产生了"1+1>2"的效果	1	2	3	4	5
与关键产业利益相关者的协同使我们能更加有效进行资源配置	1	2	3	4	5
与关键产业利益相关者的合作，大大增加了我们在市场上的话语权	1	2	3	4	5
我们能够与关键产业利益相关者联合起来高效响应外部环境的变化	1	2	3	4	5
我们公司的商业信用融资满足程度高	1	2	3	4	5
与行业相比，我们公司商业信用融资满足程度高	1	2	3	4	5
我们公司的商业信用融资能力强	1	2	3	4	5
我们公司的金融性负债融资满足程度高	1	2	3	4	5
与行业相比，我们公司金融性负债融资满足程度高	1	2	3	4	5
我们公司金融性负债融资能力强	1	2	3	4	5
我们和关键产业利益相关者依据契约开展互动	1	2	3	4	5
我们和关键产业利益相关者有很详细的合同协议	1	2	3	4	5
我们和关键产业利益相关者的合同协议详述了双方的义务	1	2	3	4	5
不能达到合同规定目标时合同中有明确如何处理的法律方案	1	2	3	4	5
关键产业利益相关者会参与我们的长期规划	1	2	3	4	5
关键产业利益相关者会参与我们的产品或服务规划	1	2	3	4	5
关键产业利益相关者会参与我们的产品或服务工程	1	2	3	4	5
关键产业利益相关者会与我们进行技术合作	1	2	3	4	5

（三）授权赋能与内源融资可得性研究
正式调研问卷

尊敬的女士/先生：

非常感谢您在百忙之中填写本次问卷。本次调查的目的是就员工角度的授权赋能和企业内源融资可得性之间关系进行实证调研，调研结果将仅用于学术研究。

我们郑重承诺：将会对所有参与调研人员的数据保密。我们对您的真诚合作致以衷心的感谢。

此致

敬礼！

西安财经大学商学院

一、特别说明

本问卷是匿名的，但我们需要得到一些您公司的信息，以便在不同群体间相互比较，所以麻烦您真实填写，否则这份问卷就会无效，感谢您的配合！

1. 公司规模（请打钩）：		
1~20人（　）	21~50人（　）	51~100人（　）
101~500人（　）	501~1000人（　）	
2. 公司成立年限（请打钩）：		
<1年（　）	1~4年（　）	5~7年（　）
8~15年（　）	>15年（　）	
3. 产权性质（请打钩）：		
国有（　）	非国有（　）	

二、调查问卷

请根据您所在组织及您个人的具体情况填写，1~5分别表示陈述的准确性。

1 是非常不同意　2 是较不同意　3 是没意见　4 是较同意　5 是非常同意
（请根据您的第一印象回答，答案没有对错之分）

题项中提到的"内源融资"是指企业将自身经营结果产生的资金转化为企业投资，用于企业发展的过程。在填写时，如对下列题项有任何不清楚的地方，请随时联系：187＊＊＊＊＊＊＊＊。

题项	非常不同意──→非常同意				
我的主管很关心我的个人成长和职业生涯的规划	1	2	3	4	5
我的主管经常给我提供培训和学习的机会	1	2	3	4	5
我的主管允许我工作中出现失误，使我能够从中学到东西	1	2	3	4	5
我的主管会因为我工作任务完成出色而为我争取升职的机会	1	2	3	4	5
我的主管会因为我工作任务完成出色而为我争取加薪的机会	1	2	3	4	5
我的主管经常为我创造露脸和锻炼的机会	1	2	3	4	5
我的主管会定期抽查我的工作是否在顺利地进行	1	2	3	4	5
我的主管不干涉我职权范围的工作	1	2	3	4	5
我的主管充分授权，让我全面负责我所承担的工作	1	2	3	4	5
我的主管给我相应的权限，让我在工作中能自主决策	1	2	3	4	5
我的主管为我设定工作目标，并要求我确保完成	1	2	3	4	5
我的主管按时考核我的工作是否完成	1	2	3	4	5
在工作中遇到问题时，我的主管积极倾听我的意见和建议	1	2	3	4	5
在做决策时，我的主管尊重和重视我的建议	1	2	3	4	5
我的主管经常创造机会使我能充分发表自己的意见	1	2	3	4	5
涉及我和我的工作时，我的主管在做决策前会征求我的意见	1	2	3	4	5
我的主管经常鼓励我，增强我的信心	1	2	3	4	5
当我在工作中遇到困难时，我的主管及时给予帮助	1	2	3	4	5
我的主管对我的工作给予足够的支持	1	2	3	4	5
与财务回报相比，我的公司更注重战略收益	1	2	3	4	5
我公司的管理层经常和员工交流竞争者的信息	1	2	3	4	5
我的公司强调创新的重要性，认为创新比短期财务回报重要	1	2	3	4	5
我的公司设置很高的财务目标	1	2	3	4	5
我的公司要求很高的产品销售收入	1	2	3	4	5
我的公司对团队短期发展的要求很高	1	2	3	4	5
我的公司对基于个人短期绩效的薪酬增长要求很高	1	2	3	4	5

续表

题项	非常不同意——→非常同意				
我会积极与公司分享我获得的想法和意见，以帮助公司进一步改进其产品和服务	1	2	3	4	5
我会积极响应客户提出的问题	1	2	3	4	5
我会与顾客进行积极的交流和沟通	1	2	3	4	5
我会主动与顾客一起制订服务计划	1	2	3	4	5
我对顾客坦诚相待	1	2	3	4	5
对我来说，保持与顾客的关系很重要	1	2	3	4	5
我会搜索新技术、新流程或新的产品创意	1	2	3	4	5
我会为公司提出新想法、新创意	1	2	3	4	5
我会向他人宣传创意，会支持他人创意	1	2	3	4	5
我会调查并努力落实实施新想法所需的资金	1	2	3	4	5
我会为新想法的实施制订适当的计划和时间表	1	2	3	4	5
我认为自己的行为经常是创新的	1	2	3	4	5
我们公司的内源融资满足程度高	1	2	3	4	5
与行业相比，我们公司内源融资满足程度高	1	2	3	4	5
我们公司的内源融资大概能够满足融资目标	1	2	3	4	5
我们公司的内源融资能力强	1	2	3	4	5
与行业相比，我们公司内源融资能力强	1	2	3	4	5
我们公司经常运用内源融资补充企业发展资金	1	2	3	4	5
我的领导帮助我了解我的目标与公司目标之间的关系	1	2	3	4	5
我的领导和我一起做很多决定	1	2	3	4	5
我的领导相信我能处理艰巨的任务	1	2	3	4	5
我的领导允许我按自己的方式做事	1	2	3	4	5
我的领导简化工作程序和规章制度，让我更有效地工作	1	2	3	4	5
我的领导帮助我理解我的工作对整个团队绩效的重要性	1	2	3	4	5
我的领导帮助我理解我的工作定位	1	2	3	4	5
在做战略决策时，我的领导经常会询问我的建议	1	2	3	4	5
在做一些与我相关的决策时，我的领导会征求我的意见	1	2	3	4	5
我的领导允许我根据客户需求迅速做出重要决定	1	2	3	4	5
即使我犯了错误，我的领导仍然相信我的能力可以提升	1	2	3	4	5
我的领导相信我的能力还有提升空间	1	2	3	4	5